物业科技与材料应用

陈国华　主编

中国海洋大学出版社

·青岛·

图书在版编目(CIP)数据

物业科技与材料应用 / 陈国华主编. —青岛:中国海洋大学出版社,2024.4

ISBN 978-7-5670-3840-0

Ⅰ.①物… Ⅱ.①陈… Ⅲ.①物业管理—管理信息系统—中等专业学校—教材 Ⅳ.①F293.347

中国国家版本馆 CIP 数据核字(2024)第 083449 号

出版发行	中国海洋大学出版社			
社　　址	青岛市香港东路 23 号		**邮政编码**	266071
出 版 人	刘文菁			
网　　址	http://pub.ouc.edu.cn			
电子信箱	502169838@qq.com			
订购电话	0532-82032573(传真)			
责任编辑	由元春		**电　　话**	0532-85902495
印　　制	青岛国彩印刷股份有限公司			
版　　次	2024 年 4 月第 1 版			
印　　次	2024 年 4 月第 1 次印刷			
成品尺寸	185 mm×260 mm			
印　　张	11.25			
字　　数	300 千			
印　　数	1—1000			
定　　价	58.00 元			

发现印装质量问题,请致电 0532-58700166,由印刷厂负责调换。

编 委 会

主　编　陈国华

副主编　张乐芹　孙奎元

编　委　乔艳梅　王千文　陈婷婷

目录 Contents

第一章　物业科技与材料应用基础认知

按照国家教育方针,围绕物业管理企业以及其他相关行业企事业单位对物业管理服务及设施设备维护物业科技与材料应用的需求,物业专业主要培养具有良好的职业道德、良好的文化素养及物业安全法律法规意识,掌握新形势下物业管理服务的理论知识和实操技能,具备良好的语言表达沟通能力、服务安全意识以及职业综合和可持续发展能力,能够从事物业管家服务、物业客服服务、物业设施设备维修与保养、房地产销售等相应岗位的高素质技能型人才和基层管理人员。

国内早期的正规物业服务企业就是遵循国家颁布的《物业管理条例》,同时按照房屋管理部门与正规物业公司所签订的物业服务合同约定,对区域建筑及配套的设施设备和相关场地进行维修、养护、管理,维护相关区域内的环境卫生和秩序。

图 1-1　物业管理

物业管理行业各部门纷纷积极根据 2016 年 2 月 6 日修订的《国务院关于修改部分行政法规的决定》第四条的内容,努力采用新技术、新方法,依靠科技进步提高物业管理和服务水平,大力运用创新智能服务、高科技设施以及高端应用管理的基本理论和方法,认真提高实际维护中的人、物、楼、区域环境与网络五者之间协调关系的能力,并使其向着集成化、智能化、协调化、模块化、规模化、平民化的方向发展。

目前,在国内房地产市场和各级别的行政办公楼、工业辖区、厂矿、医院、学校、加油站、影院、体育馆、会展中心与集贸市场等场所内,正规的物业服务越来越成为人们关注的焦点。

同时,随着科技的发展,业主不但对住宅与小区环境的质量要求越来越高,同时服务和管理氛围的要求也越来越高,进而形成了朝气蓬勃的物业管理行业。

　　本书按照物业管理行业工作环境管理标准顺序,图文并茂、由浅入深地逐一详细讲解基于现代物业科技与材料应用管理系统发展的若干技能操作及其系统维护和国家标准规则的等一系列内容。

第二章　车辆出入道闸识别收费管理系统

车辆出入道闸识别收费管理系统通常具有四大特点。

(1)具有出入车辆车牌自动识别比对放行、车辆自动计费管理、图像采集、车流量定时统计、自动计费、临时车辆半自动化管理、减少车辆出入门卫通行时间、缩短出入识别计费时间等综合管理功能,可以大幅度提高区域门卫保安工作效率,减少人为因素导致的误差,避免造成计费损失。

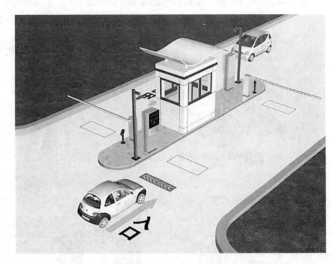

图 2-1　车辆出入道闸识别收费管理系统

(2)值班的物业管理人员通过配套的自动识别车辆信息管理软件可以实时查看对应车辆信息、进出时间、缴费记录;通过车牌高清识别技术,实现对车辆信息的自动识别记录,极大地降低了人工成本,实现了自动化管理,并形成相关系列报表电子档案且自动分类存档,使原本复杂的、烦琐的车辆出入管理与收费工作,变得高效精准。

(3)运用视频采集技术实现对车身、车牌的图像抓拍,具有良好的可追溯能力,可以提供多种第三方接口,与第三方应用系统无缝连接。

(4)超期车辆精确管理,即可按车主的长期存车管理需求,按照自由约定的时间进行一次性停车缴费;当长期车辆通过出入区域时,系统自动对区域内进出的长期车辆进行实时车身、车牌图像抓拍,实现车牌的智能识别比对与自动抬杆放行,并通过语音提示和LED车牌显示给管理人员提供车辆的相关信息。

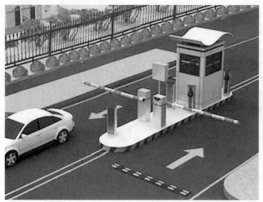
（a）车辆出入道闸人工识别工作示意图

（b）车辆出入道闸刷卡识别工作示意图

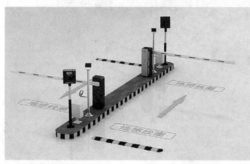
（c）车辆出入道闸蓝牙识别工作示意图

（d）车辆出入道闸拍照识别工作示意图

（e）车辆出入道闸智能公告工作示意图

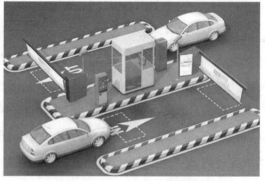
（f）车辆出入道闸智能广告工作示意图

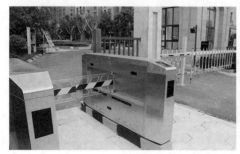
（g）车辆人行出入道闸识别工作示意图

（h）人行单向出入道闸工作示意图

图 2-2　车辆出入道闸示意图

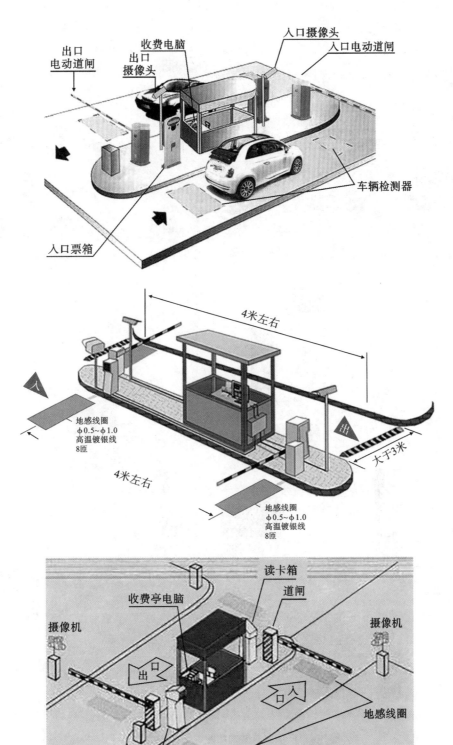

图 2-3　车辆出入道闸识别地感线圈系列常见结构示意图

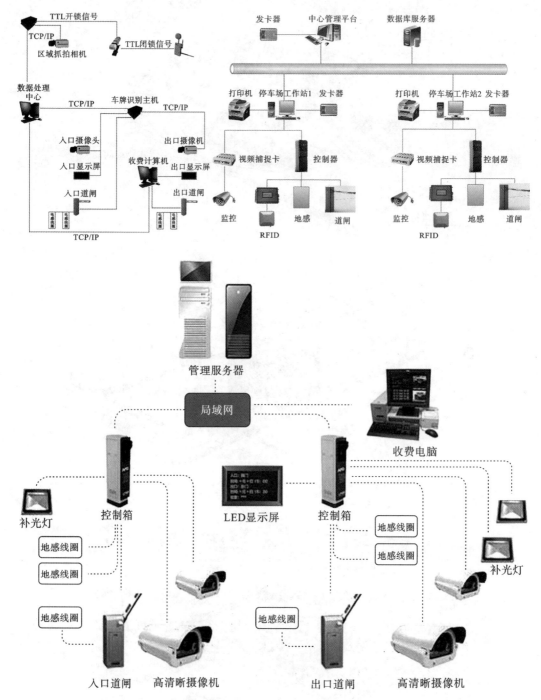

图 2-4　车辆出入道闸拍照识别工作示意图

在道闸系统的使用中,如果按照物业管理部门控制车辆进出车道闸的操作方式,还可以细分成人工型、刷卡型、蓝牙型、拍照型、高智能型道闸。

一、人工型挡车道闸

人工型挡车道闸可由挡车道闸、栏杆、栏杆接架、栏杆底座、车辆电子检测器和地感线圈共同组成。

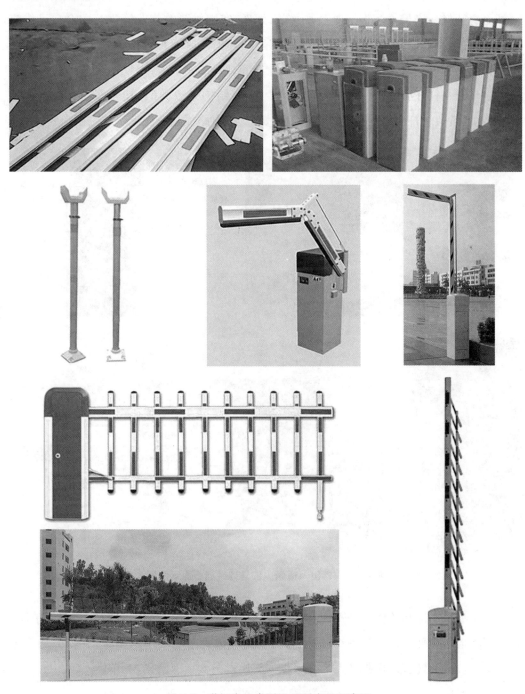

图 2-5 道闸常见类型及系列产品示意图

人工型挡车道闸栏杆可分为单直杆起落式、多栏杆起落式、双杆转向式、转页广告式等，通常由金属造型栏杆、广告警示符号、转角回位拉杆、LED标志灯、光感装置构成。

不过，目前挡车道闸分类产品的配件琳琅满目，为解决维修或者故障更换问题，有的物业管理公司会自行购买挡车道闸相应产品配件和零件。但是，国内大部分物业管理公司还是会选择一家相关企业负责保养、维修处理，实力雄厚的物业管理公司会自己维修更换。所以，及时详细掌握和认真学习挡车道闸的工作原理和工作状态，熟练掌握并解决挡车道闸中可能遇到的技术与操作问题十分重要。

挡车道闸栏杆底座外部与内部结构基本机械结构大致类似，其外部通常为立方柱型，内部通常由转杆曲轴、专用电机、回位弹簧、遥控电路板以及人工遥控按钮构成。

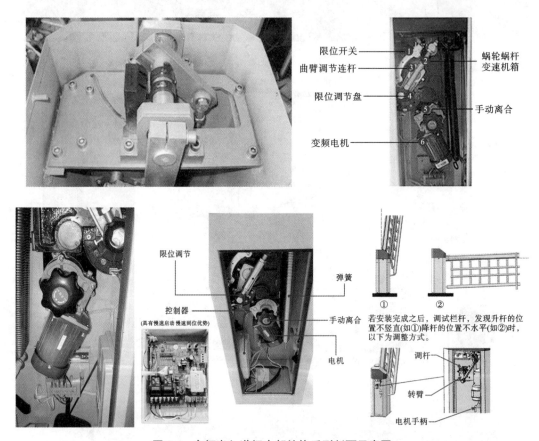

图 2-6 车辆出入道闸内部结构系列剖面示意图

人工型挡车道闸的优点是管理直接到位，维护与管理比较简单，日常若遇突发情况，依然可由现场管理员直接解决；其缺点是值班员在遇到车辆集中进出道闸时，劳动强度大，车主进出耗时较多，要通过人工管理数据与检索出入车辆档案，工作量大。

二、刷卡型挡车道闸

刷卡型挡车道闸可分为全自主刷卡远程语音道闸和被动取刷卡型道闸以及出口人工收费道闸。

出口人工收费道闸与被动取刷卡型道闸不仅比人工型道闸多出数台立式人工刷卡自动识别及远程语音系统和车辆到位检测装置，还另外加设收费管理员对超时停车的车主进行计时收费，其他设备相同。

全自主刷卡远程语音道闸的优点是进出口都不设管理员，所有进出车辆道闸管理点全程由车主自行刷卡出入。

刷卡机由 LED 显示屏、远程语音系统操作装置、IC 卡出卡装置、IC 刷卡面板构成。

刷卡种类说明：①月卡持有者、储值卡持有者：a. 将车驶至读卡机前取出感应卡，在读卡机感应区域晃动（约 10 mm）；值班室电脑自动核对、记录，并显示车牌；感应过程完毕，发出"嘀"的一声，刷卡过程结束；b. 道闸自动升起，中文电子显示屏显示礼貌用语"欢迎入场"，同时发出语音，如读卡有误，中文电子显示屏会显示原因，如"金额不足""此卡已作废"等；c. 车主开车入场；d. 进场后道闸自动关闭。②临时泊车时，车主将车驶至读卡机前；值班人员通过键盘输入车牌号；车主按动位于读卡机盘面上的出卡按钮取卡；在读卡机感应区晃动 IC 卡，将车牌号读进卡片中；感应过程完毕，发出"嘀"的一声，读卡机显示屏会显示礼貌用语，并同步发出语音；道闸开启，开车入场；进场后道闸自动关闭。出场过程与此基本类似。

图 2-7　刷卡机

图 2-8　刷卡出入停车场

被动取刷卡型道闸（如高速公路道闸收费站）和混合取刷卡型道闸（如大型医院、超市等道闸进入时车主自取卡、由管理员在出口收卡收费）以及出口人工收费道闸主要安排管理员来应对有特殊状况的车辆（如出租车、救护车、消防车、特警车等）。

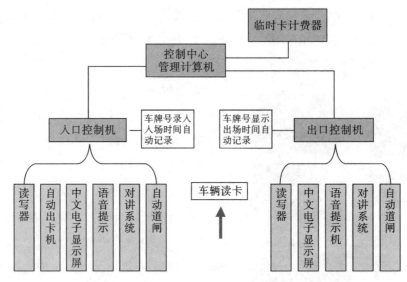

图 2-9 车辆出入道闸 IC 卡识别系统工作流程图

挡车道闸地感装置是由车辆电子检测器与按照设计规则沿道闸左右区域进出口的地面水泥下面环绕数圈的专用电磁线造型线圈共同组成电子感应回路，对路过车辆进行整体自动感应安全定位和计数，主要用于确保及时向车辆出入道闸识别收费管理系统提供远程车辆进出实时精确定位触发信号，使挡车道闸栏杆能够自动安全起落，杜绝砸杆事故。

小区挡车道闸系统是专门用于限制机动车行驶的通道出入口管理设备，现广泛应用于公路收费站、停车场、单位门口等，来管理车辆的出入。电动道闸可单独通过遥控实现起落杆，也可以通过停车场管理系统（即 IC 刷卡管理系统）实现自动管理状态。根据道闸的使用场所，其闸杆可分为直杆、90°曲杆、180°折杆及栅栏等。

每当车辆进入地感线圈，会产生电感量传输给车辆检测器，车辆检测器就会发出两组继电器信号，一组是进入地感线圈信号，一组是离开信号，每组都有长开和长闭两种信号。另外，道闸一般有地感红外或者地感蓝牙输入接口，正常情况下车辆检测信号会接在地感红外接口上，车辆来了道闸开闸，车辆通过自动落闸。目前，国内外的常见挡车道闸防砸安全装置通常有以下五种类型。

1. 地感防砸

一般停车场都装有地感装置，当车辆检测器检测到地感触发信号时就会控制闸杆一直升起并保持竖直状态，直到地感信号消失才会落杆。这种防砸技术的关键在于地感线圈的稳定性，如果地感受到干扰，就有可能会失灵，而且地感只能检测车辆，不具备防砸人的功能。

2. 红外线防砸

这种方式是在进出口道闸两侧安装红外线对射收发装置，在闸杆下落过程中，如果有车辆驶入，红外线受阻，闸杆就会自动升起，反应比较迅速。不过，红外线的对射范围小，而且很容易受到雨雪天气、飘飞物坠落、灰尘累积或者行人误入道闸、器件老化的影响。

3. 蓝牙防砸

这种方式是在进出口道闸两处安装蓝牙装置，与路过配对成功的蓝牙车辆交会后，该道闸栏杆就会自动处于立杆状态。配对成功的车辆离开道闸栏杆设定的安全距离后，道闸栏杆方可自动回落。蓝牙防砸的缺点是容易受到器件老化的影响。

4. 压力波防砸

压力波防砸也叫遇阻防砸，主要通过安装遇阻返回装置实现。当道闸杆下落过程中接触到车辆或者行人（接触力度是可以调节的）时，道闸杆底下的橡胶条受到阻力，智能遇阻返回装置立即将落杆状态转化为起杆状态，道闸升起，防止砸车砸人事故的发生。其缺点是机械部分太复杂，损坏的概率比较大。

5. 数字防砸

这种技术安全性比较高，当然成本也比较高，其无须其他辅助保护装置，实时精确采集闸杆运行数据监控运行，一旦运行过程受阻，闸杆将迅速升起。

目前，国内外因物业管理道闸栏杆失控自落砸车或者误砸路人的情况时有发生，往往会出现责任不清的问题，这使得物业管理部门必须对道闸系统的安全运行高度重视。

通过以上介绍，我们可以得出以下结论。

自主刷卡远程语音道闸的优点是可实现无人管理，其高端信息化后台能够自动分类、存档；其缺点是因为没有值班员值班，遇到突发紧急情况时无法快速进行现场处理。另外，车主一旦忘带卡片或者卡片损坏，就会造成进出受阻而耽搁后续车辆进出道闸的情况。

被动取刷卡型道闸以及出口人工收费道闸的优点是可实现进口无人管理,其高端信息化后台能够自动分类、存档和人工管理并处理突发事故;其缺点是因为有值班员 24 小时值班,一旦超时车主过多,容易使收费核实检索工作量剧增、耽误车辆出入道闸的时间且管理成本略高。

三、蓝牙型挡车道闸

这种类型的道闸比刷卡型道闸只多出一台立式蓝牙收发机,其他设备基本相同。

蓝牙型道闸的优点是可实现无人管理,高端信息化后台能够自动分类、存档、远程提示;其缺点是对无蓝牙车辆以及突发紧急情况,无法及时进行现场处理。

图 2-10　车辆出入-高灵敏蓝牙全自动闸机工作示意图

四、拍照型挡车道闸

这种类型的道闸通常是在蓝牙型挡车道闸的基础上,多出一台立式高清晰摄像头,其他设备基本相同。

拍照型道闸利用高清晰摄像头抓拍车辆照片,并识别车牌号码,将车牌号码、车牌数据、入场时间等信息传给管理计算机,车辆便可无障碍进入停车场。

图 2-11 车辆出入-高清晰拍照自动闸机工作示意图

车牌拍照识别技术是以计算机技术、图像处理技术为基础,建立车辆的特征模型,识别车辆特征。它是一个以特定目标为对象的专用计算机视觉系统,能从一幅图像中自动提取车牌图像,自动分割字符,进而对字符进行识别,运用先进的图像处理、模式识别和人工智能技术,对采集到的图像信息进行处理,能够实时准确地自动识别出车牌的数字、字母及汉字字符,并直接给出识别结果,使得车辆的电脑化监控和无人化管理成为现实。

拍照型挡车道闸具有以下优点。

优点一,可真正实现无人管理,工作效率高、准确度高,可以杜绝蓝牙型道闸管理经常出现的蓝牙与配对车辆不符的管理漏洞。

优点二,可与报警系统联动运行,有效打击违法车辆,协助社会治安管理。

优点三,可以满足较短的直道、较大角度的识别,对现场环境要求低。

优点四,是具有高可靠性、高精度统计和超适应性的数字式车辆检测道闸系统。

优点五,实现固定车辆全自动化电脑管理以及无人智能化系统管理,免去读卡器安装、维护带来的成本和麻烦,还省去了广大车主购置 IC 卡的费用。

优点六,是具有防抬杆、全卸荷、光电控制、带准确平衡系统的高品质挡车道闸。

优点七,采用专业闪光灯补光抓拍车牌,区别于传统的常亮式补光灯,抓拍效果良好,车牌识别、检索、存档快速而精确。

优点八,车主无须再担心 IC 卡忘带或者遗失造成的进出受阻的麻烦,独特滚动式 LED 中文电子显示屏提示,使车主和管理者对现场情况一目了然,减少了工作量,提高了操作效率。

五、高智能型挡车道闸

这种类型的道闸通常是在蓝牙型挡车道闸和拍照型挡车道闸的基础上,多出一台立式电子显示屏,其他设备基本相同。

高智能型挡车道闸具有以下优点。

优点一,可高效率、高精确度地显示设置好的停车位的远程动态情况,实现真正的无人管理,车辆多少与工作人员的劳动强度无关。

优点二,这个系统的高端信息化后台能够自动分类、存档、远程提示,既可以杜绝蓝牙型道闸管理经常出现蓝牙与配对车辆不符的管理漏洞,又可以解决目前一般道闸无法预知车位是否有空闲的远程管理功能。

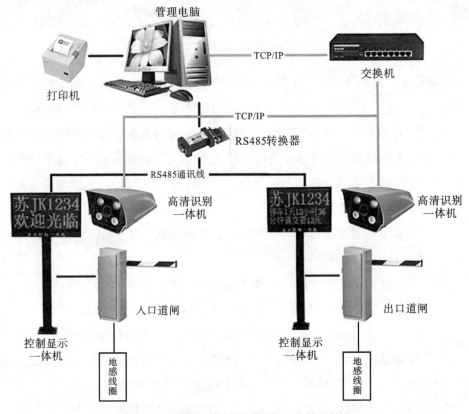

图 2-12　网络高清车牌识别一体机系统拓扑图

优点三,这个系统可对临时车辆出入情况与相关信息进行管理、记录、图像抓拍,自动核对车辆在场时间,计算缴费金额,进行 LED 缴费显示,实现临时车辆放行。

优点四,这个系统利用周围的现有网络进行连接,不需要重复布线,大大节省了施工成本。实时支持多个出入口、多个分支电脑联网运行;设有多重防夹安全保护装置,通过蓝牙、机械和红外感应等多种方式来实现。

第三章　智能楼宇综合管理系统

一、物业管理智能化系统

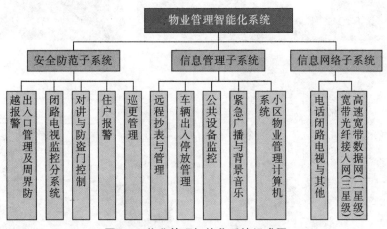

图 3-1　物业管理智能化系统组成图

图 3-2　智能楼宇安保-网络对讲-广播-监控管理系统实景照片

图 3-3　楼宇出入口-值班人员-监控-视音频管理系统实景照片

目前,国内很多高端大厦、厂区和小区等楼宇公共走廊周围大都运行着物业管理监控-视音频管理系统,其主要用来监测范围内的各重要区域是否出现非法入侵人员。这类系统既可应用于区域敏感地段,也可以用于大面积的住宅小区、楼宇路径,还可以用于单栋的楼宇住宅大门的远程安保、巡查、跟踪、广播等管理工作。

监控-视音频管理系统有以下优点。

1. 移动视频监控

系统为区域内的合法访问客户端提供在手机上进行视频监控的服务,移动视频监控客户端可以访问网络视频监控平台。

2. 云视频监控

系统为区域内的合法访问客户端提供在支持网络视频播放装置上进行视频监控即时下载后可查看的服务。

3. 实时在线服务

其主要服务功能包含两个方面,一是物业管理部门管理员实时监控时的音视频流的转发与分发;二是根据物业管理部门管理员实时监控时的录像回放管理需要,实时将读取的录像文件中的视频数据,并转发到的提出合法请求的客户端。

4. 实时视频监控

利用系统的核心功能,允许用户通过客户端访问前端设备实时监控图像。在网络允许的情况下,用户可以选择同时对多路进行实时视频监控,把客户端分成若干子窗口,或将某几路视频分组,在相同的子窗口中轮番播放。

5. 实时广播服务

系统在实时视频监控中,允许用户享用区域广播、局域网电话进行区域查询、区域报警及远程求助。其中,广播音频可通过区域设置在人工通道、绿地中的地喇叭进行大面积传播。

6. 实时播放设备控制

系统在实时视频监控中,允许用户对前端播放、局域网电话设备进行控制、调整,包括云台控制、图像参数的调整、摄像头焦距光圈的调整等。设备控制时用户会受到其权限的约束。

7. 实时电子地图

系统为合法访问客户端,在电子地图中呈现系统中的前端设备以及摄像头等的地理位置,用户可以根据地理位置选择要监控的地点。

8. 实时录像管理

系统允许合法用户为某监控点设置录像策略,对有关部门依法调取系统中的存储录像文件进行条件查询、截取、编辑和播放。

9. 实时告警管理

系统允许用户设置或取消监控告警的处理预案,预案中包括告警的类型、生效的时间段以及告警与广播联动处理策略等。联动处理可以包括录像、云台联动、广播、短信告警等。用户可以查询系统中的告警与广播内容的信息。

10. 系统运行状态监控

监控系统设备的运行状态,保证当管理员发现故障时及时以候选设备代替,如音视频媒体服务器故障时,可以及时调度备用服务器选择其他的路由,完成系统对前端设备的巡检,轮询前端设备的实时在线连接状态,确保正常工作的畅通。

11. 实时广播管理

系统允许管理员设置或取消广播音乐以及各种物业有关通知等信息的处理预案,这些预案信息可以通过管理区域内安放在绿地与花卉周围的地喇叭予以实时或者预约播放。

楼宇出入口的人员安全识别、号码登记与远程对讲系统是利用高端生物技术、语音技术、视频技术、控制技术和计算机技术实现楼宇内外的出入识别、语音问答、视频对讲和通话的系统,通过高端扩展功能可实现用户自主的区域联动、信息发布、家电安保、安防报警、实时录音和录像、自动存档等功能。

图 3-4　楼宇出入口组合道闸登记管理系统实景照片

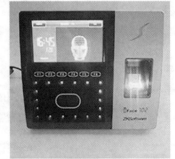

图 3-5　楼宇出入口刷脸-指纹登记管理系统实景照片

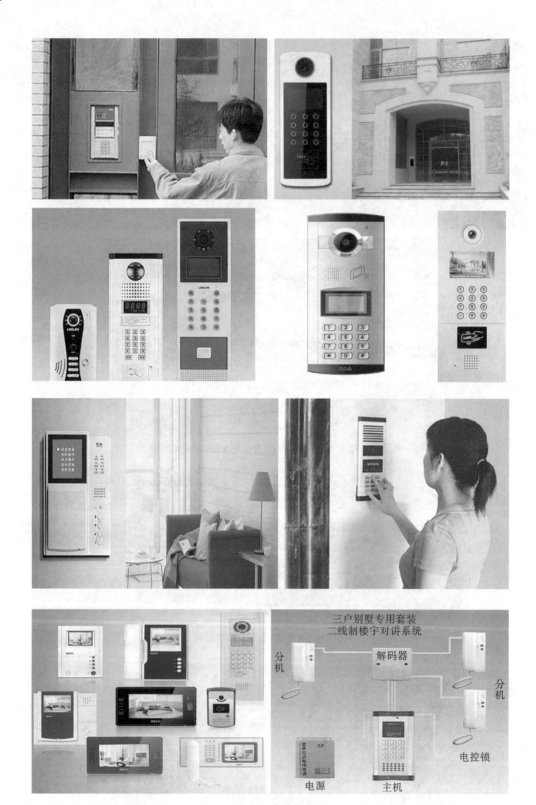

图3-6 楼宇出入口对讲-远程视频管理系统实景照片

密码功能：系统中每个用户可通过自己的分机设置一个密码，在门口主机上通过键盘可完成密码开锁且达到撤防功能，为有需求的用户提供开门途径。

可视对讲：系统可实现用户与管理中心、用户之间的双向互相通话、单向问询、自动录音存档，可实现小区大门口、楼门口、家门口与用户之间的四重可视对讲，进而方便用户远程与门外人员之间的沟通联络。

家庭防盗：用户分机可采集各类报警探头的报警信号，通过楼宇对讲系统总线传送至中心管理机并显示该用户分机编码及防区，从而实现家庭联动防盗（住宅监控）功能。

监视功能：小区中用户可通过按分机监视键查看本单元的门口，先前存档的录音、录像信息，管理中心管理员也可通过管理机查看小区中任何楼宇门口的实时图像。

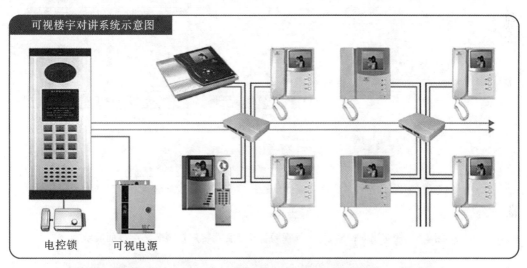

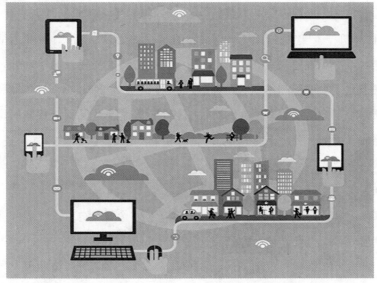

图 3-7　楼宇出入口对讲-远程视频管理系统联动示意图

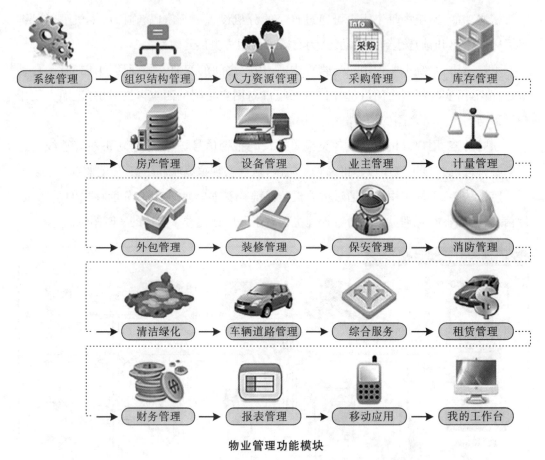

物业管理功能模块

图 3-8　楼宇出入口对讲-远程视频管理及智能客户端服务拓展界面展示

　　楼宇出入口对讲-远程视频管理系统,是利用 IC 卡、机械锁具、语音技术、视频技术、控制技术和计算机技术实现楼宇内外业主和访客间的语音、视频对讲和通话的系统,通过扩展高端功能,可实现信息发布、家电控制、安防报警、录音和录像等功能,如刷卡门禁系统(如磁条卡)、生物识别门禁系统(如指纹、人脸识别)。其中,密码门禁系统输入密码后,系统判断密码正确就会驱动电锁,打开门放行。其优点是只需记住密码,无需携带其他介质,使用成本最低。其缺点是速度慢,输入密码一般需要几秒钟,如果进出的人员过多,需要排队。如果输入错误,还需重新输入,耗时长;密码容易忘记或者泄露,安全性差,不适合老人、儿童等使用。

　　目前,密码门禁使用的场合越来越少了,只有对安全性要求低、成本低、使用不频繁的公寓、写字楼、金融、保险、仓储等场合还在使用。

　　IC 卡门禁系统依然在写字楼、餐饮、宾馆和公寓等场所流行,按照 IC 卡的刷卡种类又可分为接触卡门禁系统(磁条卡、条码卡)和非接触卡门禁系统(感应卡、射频卡)。

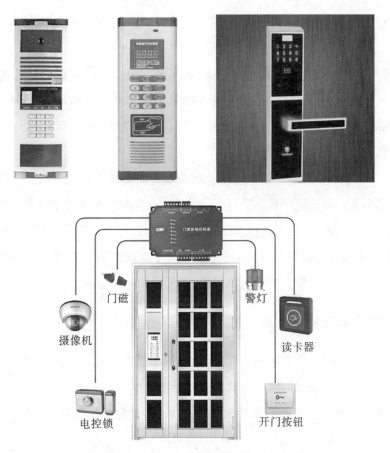

图 3-9 楼宇出入口对讲-远程视频管理系统

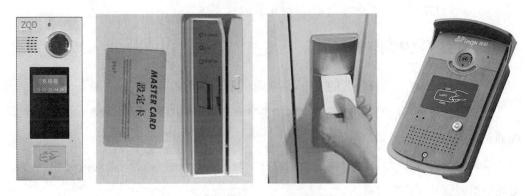

图 3-10 IC 卡门禁系统

接触卡门禁系统由于频繁接触导致卡片容易磨损,且无法确认持卡人的门卡是否具有合法性,所以使用的范围越来越小,只在小工厂、大厦、楼宇等相关场合使用。还有非接触卡门禁系统,由于其耐用性以及性价比高、读取速度快、安全性高等优势,是当前门禁系统的首选。

高端 IC 卡门禁系统(如刷人脸、虹膜门禁系统)安全性较高,所以,常常被用在要求严格监管的场所,如银行金库、监狱要门等。

近几年来高端物业管理中高端 IC 卡门禁系统(如刷人脸、虹膜门禁系统)新增多个功能,在突然出现有人持非法卡刷卡或者企图暴力强制开门等情况下,这个系统还会自动报警并同时开启联动视频进行报警点单画面切换→放大→抓拍→上传终控室→存档的自动管理功能。

根据这个功能,物业管理部门可以根据预先设定的需求场景进行抓拍→录像→报警→比对等。同时,实时自动进行视频存储信息与进出记录绑定,管理者在该系统的功能界面内双击刷卡记录即可调出现场抓拍照片和录像文件,同时可以将现场抓拍照片与原始的入区存储档案照片直接对比,确保实现正常时段有效卡刷卡开门,无效卡刷卡不能开门,在非正常时段无效卡刷卡产生联动报警、视频抓拍的功能。

二、监控室值班登记制度

(1)监控人员必须具有高度的工作责任心,认真落实安全监控任务,及时掌握各种监控信息,对监控过程中发现的情况及时处理和上报。

(2)值班人员必须严格按照规定时间上下班,不准随意离岗离位,个人需处理事务时,应征得值班领导的同意并在有人顶岗时方可离开。

(3)对监控到的可疑情况,及时通知巡逻人员进行跟踪,确保治安稳定。

(4)每天对监控的情况进行登记,并对值班登记本保留存档。

三、监控系统使用管理制度

(1)监控人员服从值班领导的安排,认真落实值班期间的各项工作任务。

(2)监控人员应爱护和管理好监控室的各项装配和设施,严格操作规程,确保监控系统的正常运作。

(3)非工作人员未经许可不得进入监控室。外来人员需到监控室查询情况和观访者必须经值班领导同意方可进入。

(4)禁止在监控室聊天、游戏,按操作规程使用,不得随意拆装设备,做好设备的日常维护保养,保持室内卫生清洁。

(5)相关部门因故需到监控室查询视频资料情况,值班人员应及时报告值班领导,做好接待工作并积极配合。

(6)不得在监控室以外的场所议论有关录像的内容。

四、发现案件线索登记存档制度

(1)监控人员每天对监控录像进行翻看,发现有价值的案件线索及时另存入 U 盘保留,并做好标记。

(2)监控人员对园区的打架、斗殴及盗窃、交通事故、火灾等录像另存入 U 盘存档保留,并做好标记。

(3)相关部门因故需要保留的录像另存入 U 盘,制作成光盘长期存档保留,并做好标记。

五、入侵报警探测系统

1.按用途或使用场所不同来分

可分为户内型入侵探测器、户外型入侵探测器、周界入侵探测器和重点物体防盗探测器等。

2.按探测器探测原理的不同或应有的传感器不同来分

可分为雷达式微波探测器、微波墙式探测器、主动红外式探测器、被动红外式探测器、开关式探测器、超声波探测器、声控探测器、振动探测器等。

3.按探测器的警戒范围来分

(1)点控制型探测器——警戒范围是一个点,如开关式探测器。

(2)线控制型探测器——警戒范围是一条线,如开主动红外探测器。

(3)面控制型探测器——警戒范围是一个平面,如振动探测器。

(4)空间控制型探测器——警戒范围是一个立体的空间,如被动红外探测器。

4.按探测器的工作方式来分

(1)主动式探测器。主动式探测器在工作期间要向防范区域不断地发出某种形式的信号,如红外线、微波等。

(2)被动式探测器。被动式探测器在工作期间本身不需要向外界发出任何信号,而是直接探测来自被探测目标所发出的某种信号,如红外线、振动等。

5.按探测器输出的开工信号的不同来分

(1)常开型探测器。在正常情况下,开关是断开的,EOL 电阻与之并联。当探测器被触发时,开关闭合,回路电阻为零,该防区报警。

(2)常闭型探测器。在正常情况下,开关是闭合的,EOL电阻与之串联。当探测器被触发时,开关断开,回路电阻为无穷大,该防区报警。

6.按探测器与报警控制器各防区的连接方式的不同来分

(1)四线制。指探测器上有四个接线端。其中两个接线端接探测器的报警开关信号输出;另外两个接线端接供电输入线。

(2)两线制。探测器上有两个接线端。分两种情况:一种是探测器本身不需要供电,如紧急报警按钮、磁控开关、振动开关等,只需要与报警控制器的防区连接两根线,发送出报警开关信号即可。另一种是探测器需要供电,在这种情况下,接入防区的探测器的报警开关信号输出线和供电输入线是共用的。

(3)无线制。探测器、紧急报警装置通过其相应的无线设备与报警控制主机进行通信,其中一个防区内的紧急报警装置不得大于4个。

(4)公共网络。探测器、紧急报警装置通过现场报警控制设备和或网络传输接入设备与报警控制主机之间采用公共网络相连。公共网络可以是有线网络,也可以是无线网络。

六、智能安保探测器系统

住宅小区物业安保全天候监控室是物业保安控制和观察住宅小区安全的重要场所,是确保物业管理建筑及各种管理设备安全运行的重要辅助操作手段,是物业部门圆满完成住宅小区安全工作的一项重要工作内容。其主要包括以下内容。

(1)保护范围为小区各重要区域,有效覆盖整个小区,监控实时监测录像。

(2)安保监控系统要求24小时、全天候不间断地工作。

(3)保证视频可以随时随地打开浏览实时图像,保证视频文件不间断录像。

(4)为增强安保报警的准确率,可考虑增加红外对射监控装备。

(5)安保系统的管理采用分级权限,不同的人员具有不同的使用权限,可以提供多级权限管理,提供电脑浏览方式,室外动点均须为日夜转换型。

安保探测器种类较多,按探测器警戒范围可分为以下几类。

空间式入侵探测器。包含室内用多普勒微波探测器,室内用被动红外探测器,室内用超声波多普勒探测器,微波与被动红外复合入侵探测器,磁控开关入侵探测器,室内用被动式玻璃破碎探测器等。

其中,微波多普勒入侵探测器常常被称为高灵敏雷达报警器,它实际上是一种多普勒雷达。它是应用多普勒原理,辐射一定频率的电磁波段,覆盖一定范围,并能探测到在该范围内移动的人体而产生报警信号的装置。

微波多普勒入侵探测器如果安装恰当就很难被破坏。利用微波探测器还可以用一台设施来保护两个以上的房间。微波入侵探测器对于捕获躲藏起来的窃贼非常有效,只要躲藏的人进入安保区域就会触发报警器。

微波多普勒入侵探测器的主要缺点是安装要求较高,如果安装不当,微波信号就会穿透装有许多窗户的墙壁而导致频繁的误报。其另一个缺点是它会发出对人体有害的微量能量,适合人们长期居住的电磁辐射值必须小于 10 伏/米,超标就有可能会对居民的身体健康产生影响。因此,如果现场安装微波多普勒入侵探测器,就必须进行严格的环境参数测试,确保将设备微波能量控制在对人体无害的水平。此外,其报警装置会很容易受到空中交通信号和国防部门所用的高能量雷达的干扰。

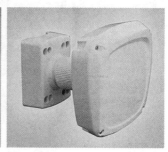

图 3-11 微波多普勒报警探测器应用设置规范示意图

七、红外探测传感器

红外探测传感器是通过将红外线发出光谱强度的变化转换成电信号的变化来实现控制的。其整体结构属于光电传感器,一般情况下由三部分构成:发送器、接收器和检测电路。

(1)把一个光发射器和一个接收器面对面地装在一个槽的两侧的是槽形光电传感器。其发光器能发出红外光或可见光,在无阻情况下光接收器能收到光。但当被检测物体从槽中通过时,光被遮挡,光电开关便动作输出一个开关控制信号,切断或接通负载电流,从而完成一次控制动作。槽形开关的检测距离因为受整体结构的限制一般只有几厘米。

(2)对射型光电传感器若把发光器和收光器分离开,就可使检测距离加大。由一个发光器和一个收光器组成的光电开关被称为对射分离式光电开关,简称对射式光电开关,它的检测距离可达几米乃至几十米。使用时,把发光器和收光器分别装在检测物通过路径的两侧,检测物通过时阻挡光路,收光器就动作输出一个开关控制信号。

(3)反光板型光电开关把发光器和收光器装入同一个装置内,在它的前方装一块反光板,利用反射原理完成光电控制作用的被称为反光板反射式(或反射镜反射式)光电开关。正常情况下,发光器发出的光被反光板反射回来被收光器收到;一旦光路被检测物挡住,收光器收不到光时,光电开关就动作输出一个开关控制信号。

(4)扩散反射型光电开关的检测头里也装有一个发光器和一个收光器,但前方没有反光板。正常情况下发光器发出的光收光器是找不到的;当检测物通过时挡住了光并把光部分反射回来,收光器就会收到光信号,输出一个开关信号。

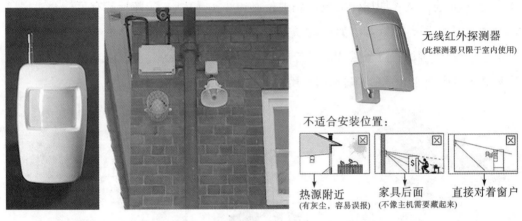

无线红外探测器
(此探测器只限于室内使用)

不适合安装位置:

热源附近　　　　　家具后面　　　　直接对着窗户
(有灰尘,容易误报)　(不像主机需要藏起来)

图 3-12　红外无线报警探测器应用设置规范示意图

面控式入侵探测器。其包括振动入侵探测器、声控振动双技术信息玻璃破碎探测器等。其中,振动入侵探测器用来检测入侵者用工具破坏 ATM 机等物体所产生的机械冲击或用于探测入侵者用工具破坏建筑物等所产生的机械冲击,适用于不同结构的 ATM 机、保险柜、墙体、门窗及铁护栏等金属、玻璃、结构型大件物体的防范,能够有效防止针对防护物体的砸、打、撬等破坏活动。

玻璃破碎探测器。按照工作原理的不同,玻璃破碎探测器大体可以分为两大类。一类是声控型的单技术玻璃探测器,另一类是双技术玻璃破碎探测器。双技术玻璃破碎探测器又分为两种:一种是声控型与振动型组合在一起的双技术玻璃破碎探测器,另一种是同时探测次声波及玻璃破碎高频声响的双技术玻璃破碎探测器。双技术玻璃破碎探测器是将声控探测与振动探测两种技术组合在一起,只有同时探测到玻璃破碎发出的高频声音信号和敲击玻璃引起振动时,才能输出报警信号。

线控式探测器。其包括主动式红外入侵探测器、微波墙式探测器、激光式探测器、光纤式周界探测器、长导电体断裂原理知识探测器、振动电缆探测器、泄漏电缆探测器、电场线感应式探测器等。其中,主动式红外入侵探测器通常可按光束数分为单光束、双光束、四光束、光束反射型栅式、多光束栅式;按安装环境分为室内型、室外型;按工作方式分为调制型、非调制型。另外,主动式红外入侵探测器的探测距离有不同的型号,一般会有 10 米、20 米、30 米、40 米、60 米、80 米、100 米、150 米、200 米、300 米等类型。激光式探测器是利用特制的激光信号通过探测器转换成电信号的过程。激光探测在激光接收以及跟踪、雷达等研究和应用中具有重要的作用。激光探测的方法有直接探测和外差探测两类。直接探测的方法比较简单实用,普遍用于可见光和近红外波段。外差探测的方法能提高信噪比和对微弱信号的探测能力,但设备比较复杂,且要求信号有很好的相干性,主要用于中、远红外波段,如探测 10.6 微米的激光。

激光入侵探测器。由发射器与接收器之间的防范介质是完全点对点的,不会产生折射/反射而引发漏报警;同时,双光束产品避免了因小物体(飞鸟、落叶等)的阻断而引发的误报警,大大降低了误报率。

开关点控式探测器。磁开关入侵探测器,微动开关,紧急报警装置即可发出报警信号。

磁开关入侵探测器。由开关盒和磁铁盒构成的古老而又灵敏的报警装置。当磁铁盒相对于开关盒移开至一定距离时,能引起开关状态的变化,控制有关电路即可发出报警信号。

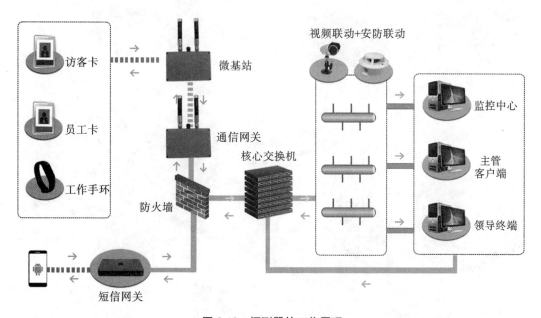

图 3-13 探测器的工作原理

从探测与感应的技术层面上讲,一般要求探测器应由一个或多个传感器和信号处理器组成,探测器应具有能够改变探测范围的方法。

第四章　高档物业综合管理系统设备维护

一、车辆道闸智能收费查询识别规模管理系统的应用维护

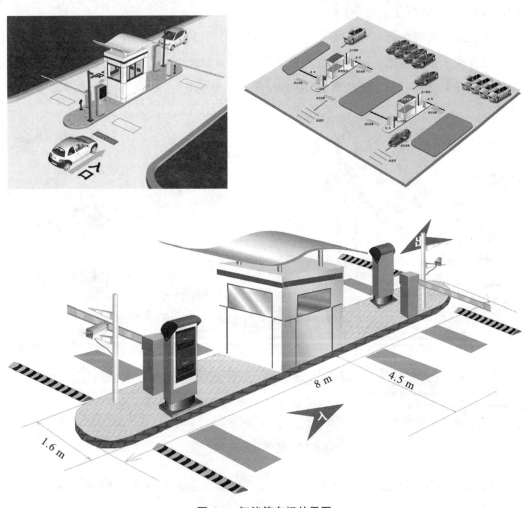

图 4-1　智能停车场效果图

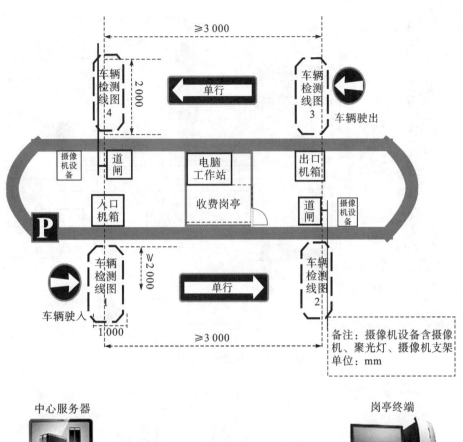

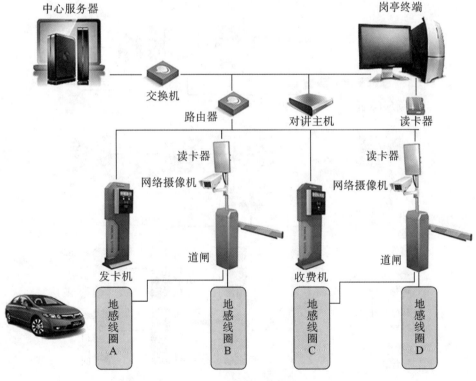

图 4-2　停车场管理系统

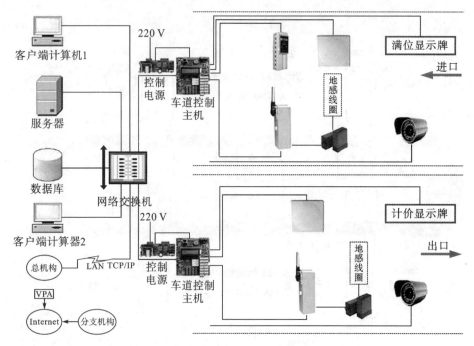

图 4-3　区域车辆蓝牙收费查询识别规模管理系统

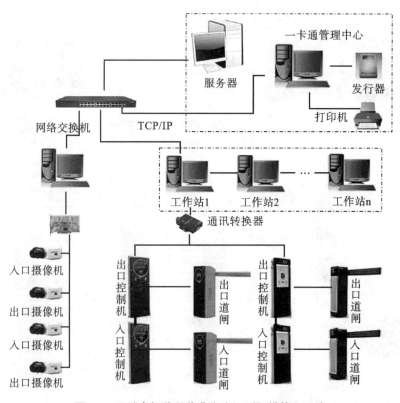

图 4-4　区域车辆蓝牙收费查询识别规模管理系统

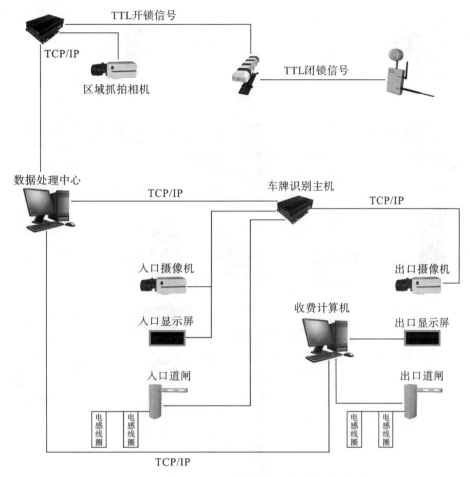

图 4-5　区域车辆蓝牙收费查询识别规模管理系统

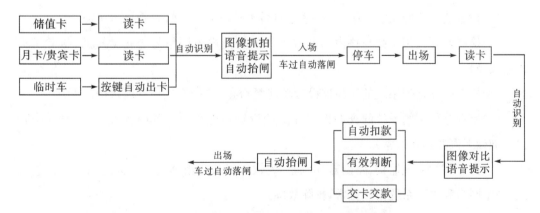

图 4-6　区域车辆规模管理系统应用流程图

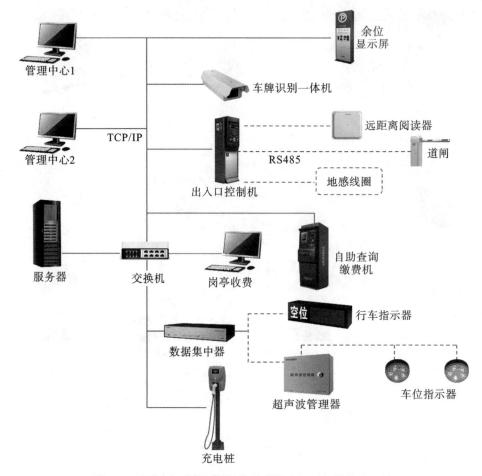

图 4-7　区域车辆蓝牙以及充电收费查询识别规模管理系统

(1)检查蓝牙道闸主控系统,要注意通电后主控电源指示灯是否显示正常开机。

(2)检查蓝牙道闸系统与路由器网线连接的智能电器网络是否正常接通(排除综合线路故障)。

(3)检查蓝牙道闸系统的遥控器设置功能是否正常(排除故障且确认操作正常)。

(4)检查蓝牙道闸系统的查询识别准确性设置功能是否正常(排除故障且确认查询识别准确无误并操作正常)。

(5)检查道闸系统监控、路由器、电脑系统软件以及路由器设置页面之间是否设置错误(确定网络和电脑系统衔接正常,排除故障)。

(6)检查道闸系统摄像头与电脑视频摄录软件实时监控画面的清晰度、拍摄角度以及音频信号是否达到要求(排除故障,确定电脑视频摄录软件实时显示运行正常)。

(7)检查道闸车位查询识别功能、路由器、电脑实时显示软件以及动态报告设置页面之间是否设置错误（确定网络和电脑系统衔接正常，排除故障）。

（8）检查道闸车位状况 LED 实时显示功能、路由器、电脑实时显示软件以及动态报告设置、LED 动态笔画之间是否显示设置错误（确定网络和电脑系统衔接正常，排除故障）。

（9）检查道闸车位充电桩 LED 实时显示功能、路由器、电脑实时显示、计时收费金额、管理软件以及动态报告设置是否显示设置错误（排除故障且确定各个网络组件和电脑计时计费系统运行衔接正常）。

（10）如果蓝牙道闸系统是无线 Wi-Fi 类型，还要测试无线 Wi-Fi 的传输速率与远程操控工作是否正常（重新设置 Wi-Fi 且排除故障）。

（11）如果蓝牙道闸系统是入侵与破坏报警类型，还要测试监控入侵报警与破坏报警信号传输与远程报告工作是否正常（重新设置调试且排除故障）。

（12）检查行人门禁系统、路由器、电脑系统软件以及路由器设置页面之间是否设置错误（确定网络和电脑系统衔接正常，排除故障）。

（13）检查门禁系统摄像头与电脑视频摄录软件画面清晰度与拍摄角度以及音频信号是否达到要求（排除故障，确定电脑视频摄录软件显示运行正常）。

（14）检查道闸实时监控系统与路由器、电脑系统软件以及路由器设置页面之间是否设置错误（排除故障，确定网络和电脑系统衔接正常）。

（15）检查道闸实时监控系统与路由器、电脑系统软件以及路由器设置页面之间是否设置错误（排除故障，确定网络和电脑系统衔接正常）。

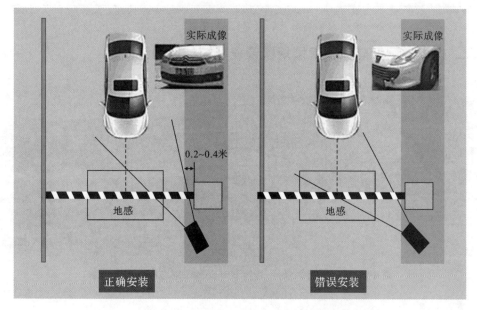

图 4-8　监控管理系统摄像头角度修正应用维护示意图

表 4-1 常见故障分析排除一览表

常见故障	故障分析	故障排除
电机运转时闸杆无反应	(1)电源是否接好； (2)各限位接口是否正确连接； (3)电容是否接上	(1)将电源线接上； (2)限位线从电机出来的线为灰(起)蓝(公共)绿(落)，再正确连接到电控板上； (3)把电容的两条线与电机起落线拼接
落杆过程中闸杆抖动	(1)弹簧不平衡； (2)闸杆螺丝没锁紧； (3)机箱没固定好	(1)参照弹簧表更换弹簧，再把弹簧调到最佳状态； (2)将闸杆螺丝锁紧； (3)将机箱固定地脚螺丝拧紧
闸杆落到中间停止	(1)限位没调好； (2)弹簧没力	(1)检查限位线并将其正确接上； (2)更换弹簧
不能防砸	地感、红外线损坏或线没有正确地接上	更换新地感、红外设备，仔细连接
起落闸杆不平	限位没调好	将闸杆落到水平或垂直位置，把挡光片放到光电限位开关中间，感应到灯亮即可，红灯为落杆到位，绿灯为起杆到位

二、行人道闸智能查询识别规模管理系统的应用维护

图 4-9 固定式行人道闸-智能票卡查询识别道闸系统示意图

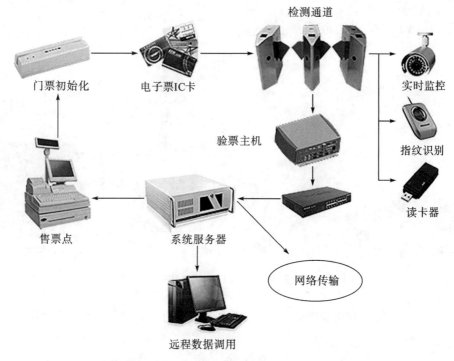

图 4-10　固定式智能行人刷卡道闸扫描器识别系统应用示意图

(1)检查智能行人刷卡道闸是否通电后,查看电源指示灯是否显示正常开机。

(2)检查智能行人刷卡道闸与路由器网线所连接的智能电器网络连线是否正常接通(排除综合线路故障)。

(3)检查智能行人刷卡道闸遥控器的所有操控设置功能是否正常(排除故障且确认操作正常)。

(4)检查智能行人刷卡道闸读卡器和检票器以及双向计数器工作是否正常(排除故障且给予正常开机+系统平台运行测试)。

(5)检查智能行人道闸监控系统、路由器、电脑实时显示软件以及动态报告设置页面之间是否设置正确(确定网络和电脑系统衔接正常,排除故障)。

(6)检查智能行人道闸监控摄像头、路由器、电脑实时显示软件以及动态报告设置是否显示设置正确(排除故障,确定网络和电脑系统衔接正常)。

(7)如果智能行人刷卡道闸是无线 Wi-Fi 类型,还要测试无线 Wi-Fi 的传输速率与远程操控工作是否正常(排除故障且给予正常开机运行测试)。

三、Wi-Fi 电视机的应用维护

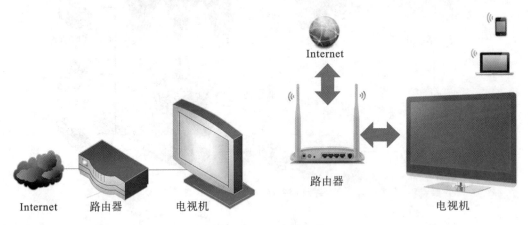

图 4-11   Wi-Fi 电视系统

（1）检查 Wi-Fi 电视机是否通电后，查看电源指示灯是否显示正常（排除故障且给予正常开机＋系统平台运行测试）。

（2）检查 Wi-Fi 电视机与路由器网线所连接的智能电器网络连线是否正常接通（排除综合线路故障）。

（3）检查 Wi-Fi 电视机遥控器的遥控收看功能是否正常（确认操作正常）。

（4）如果 Wi-Fi 电视机是无线 Wi-Fi 类型，还要测试无线 Wi-Fi 的传输速率与远程操控工作是否同步正常（重新设置 Wi-Fi 且排除故障）。

四、网络热水器的应用维护

（1）检查网络热水器是否通电后，查看电源指示灯是否显示正常开机（排除故障且给予正常开机＋系统平台运行测试）。

（2）检查网络热水器与路由器网线所连接的智能电器网络连线是否正常接通（排除综合线路故障）。

图 4-12   网络热水器系统

（3）检查网络热水器遥控器的操控设置功能是否正常（排除故障且确认操作正常）。

（4）如果网络热水器是无线 Wi-Fi 类型，还要测试无线 Wi-Fi 的远程操控工作是否同步正常（重新设置 Wi-Fi 且排除故障）。

五、智能电插座的应用维护

图 4-13　智能电插座

（1）检查智能电插座是否通电后，检查电源指示灯是否显示正常（排除故障且给予正常开机＋系统平台运行测试）。

（2）检查智能电插座与路由器网线所连接的智能电器网络连线是否正常接通（排除综合线路故障）。

（3）检查智能电插座遥控器的操控设置功能是否正常（排除故障且确认操作正常）。

（4）检查智能电插座所插入电器的应用设置是否达到预定的功能（排除故障且确认执行正常）。

（5）如果智能电插座是无线 Wi-Fi 类型，还要测试无线 Wi-Fi 的传输速率与远程操控工作是否同步正常（重新设置 Wi-Fi 且排除故障）。

（6）测试智能电插座所插入电器的应用设置是否达到预定的功能，远程操控是否依然正常工作（重新设置 Wi-Fi 且排除故障）。

六、Wi-Fi 音响的应用维护

图 4-14　Wi-Fi 音响

（1）检查 Wi-Fi 音响是否通电后，检查电源指示灯是否显示正常（排除故障且给予正常开机＋系统平台运行测试）。

（2）检查 Wi-Fi 音响与 Wi-Fi 路由器所连接的智能电器网络以及电脑软件管理系统联机是否正常接通（排除综合线路与接口软件衔接控制故障）。

（3）检查 Wi-Fi 音响遥控器的操控设置功能是否正常（排除故障且确认操作正常）。

（4）检查 Wi-Fi 音响内预设置的音乐与警报设置播放工作是否正常（排除故障且重新设置 Wi-Fi 和音乐与警报方式）。

（5）如果 Wi-Fi 音响是无线 Wi-Fi 类型，还要测试无线 Wi-Fi 的传输速率与远程操控工作是否同步正常（重新设置 Wi-Fi 且排除故障）。

七、智能电窗帘的应用维护

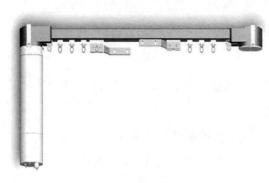

图 4-15　智能电窗帘系统

（1）检查智能电窗帘是否通电后，检查电源指示灯是否显示正常。另外，检查电动窗帘的开启与闭合运行是否正常（排除故障且给予正常开机＋系统平台运行测试）。

（2）检查智能电窗帘与路由器网线所连接的智能电器网络连线是否正常接通（排除综合线路故障）。

（3）检查智能电窗帘遥控器的遥控参数设置功能是否正常（确认操作正常）。

（4）如果智能电窗帘是无线 Wi-Fi 类型，还要测试无线 Wi-Fi 的传输速率与远程操控工作是否同步正常（重新设置 Wi-Fi 且排除故障）。

（5）如果智能电窗帘是无线 Wi-Fi 入侵报警类型，还要测试无线 Wi-Fi 的监控入侵报警信号传输与远程报告工作是否正常（重新设置调试且排除故障）。

八、智能 Wi-Fi 扫地机的应用维护

（1）检查 Wi-Fi 扫地机是否通电后，还要查看电源指示灯是否显示正常。另外，检查

多功能工作状态的开启与闭合运行是否正常（排除故障且给予正常开机＋系统平台运行测试）。

（2）检查 Wi-Fi 扫地机与路由器网线所连接的智能电器网络连线是否正常接通（排除综合线路故障）。

（3）检查 Wi-Fi 扫地机遥控器的遥控参数设置功能是否正常（确认操作正常）。

（4）如果 Wi-Fi 扫地机是无线 Wi-Fi 类型，还要测试无线 Wi-Fi 的传输速率与远程操控工作是否同步正常（重新设置 Wi-Fi 且排除故障）。

图 4-16　智能 Wi-Fi 扫地机

九、Wi-Fi 路由器与无线网卡的应用维护

图 4-17　Wi-Fi 路由器

图 4-18　USB 无线 Wi-Fi 网卡

（1）检查路由器与 USB 网卡是否通电后，查看电源指示灯是否显示正常（排除故障且给予正常开机＋系统平台运行测试）。

（2）检查外网线与内网所连接的智能电器网络连线是否正常接通（排除综合线路故障）。

（3）检查路由器及 USB 网卡、电脑系统软件以及路由器设置页面之间是否设置错误（排除故障且确定网络和电脑系统衔接正常）。

（4）检查网络通信总线是否存在短路或断路（排除通讯线故障）。

（5）检查电脑网络通信卡是否损坏（更换网卡且排除故障）。

（6）如果路由器有 Wi-Fi 功能，应测试无线 Wi-Fi 的传输速率与远程操控工作是否正常（重新设置 Wi-Fi 排除故障）。

十、网络摄像头的应用维护

图 4-19 无线 Wi-Fi 摄像头

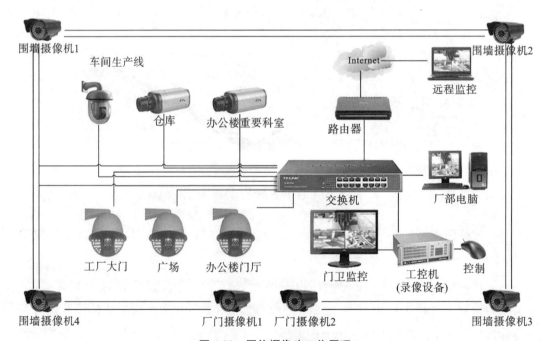

图 4-20 网络摄像头工作原理

（1）检查网络摄像头是否通电后，查看电源指示灯是否显示正常（排除故障且给予正常开机＋系统平台运行测试）。

（2）检查网络摄像头与路由器以及交换机之间网线的连接是否正常接通（排除综合线路故障）。

（3）检查网络摄像头、路由器、电脑系统软件以及路由器设置页面之间是否设置错误（确定网络和电脑系统衔接正常，排除故障）。

（4）检查网络摄像头与电脑视频摄录软件的画面清晰度与拍摄角度以及音频信号是否达到要求（排除故障，确定电脑视频摄录软件显示运行正常）。

（5）检查电脑系统网络通信总线是否存在短路或断路（排除通信线路故障）。

（6）检查电脑网络通信卡是否损坏（更换网卡且排除故障）。

（7）如果网络摄像头是无线 Wi-Fi 类型，还要测试无线 Wi-Fi 的传输速率与远程操控工作是否同步正常（重新设置 Wi-Fi 且排除故障）。

（8）如果网络摄像头附带 SD 内存卡，还要测试其存取视频是否正常（更换 SD 内存卡且排除故障）。

（9）如果网络摄像头是无线 Wi-Fi 动态入侵报警类型，还要测试无线 Wi-Fi 的监控动态入侵报警信号传输与远程报告工作是否正常（重新设置调试且排除故障）。

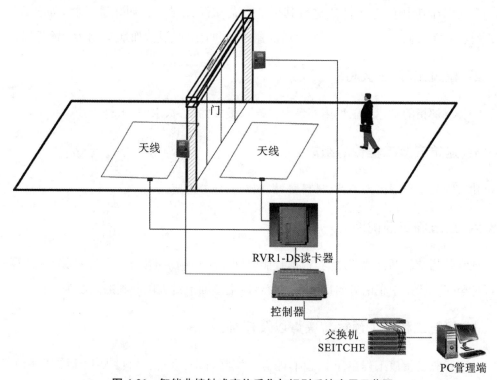

图 4-21　智能非接触式定位采集与识别系统应用示范图

第五章　物业管理与施工基础认知

本章对物业管理企业需要掌握的土建施工关键技能知识进行讲解。

一、土建施工建筑密度

通常是指建筑项目总占地面积与总用地面积的比值,用百分数表示。

二、建筑施工绿地率(绿化率)

绿地率是建筑工程项目绿地总面积与总用地面积的比值,一般用百分数表示。

三、建筑物与构筑物之间的区别

凡人们在其中生产、生活或进行其他活动的房屋或场所都叫作建筑物,如公寓、厂房、学校等;而人们不在其中生产或生活的建筑,则叫作构筑物,如烟囱、水塔、桥梁等。

四、建筑工程"三大材"

"三大材"指的是建筑工程用处最大、最广、最多的钢材、水泥、木材。

五、建筑安装工程费的组成

建筑安装工程费由人工费、材料费、机械费三部分组成。

六、建筑物日照间距

通常是指前后两栋建筑之间,根据日照时间要求所确定的距离。日照间距的计算一般以冬至这一天正午正南方向房屋底层窗台以上墙面能被太阳照到的高度为依据。

七、建筑工程施工预算与决算以及追加结算

施工预算是指该工程在开工之前,略高于实际管理、设备、材料、人工、运输等相关费用的一个总体价格明细;而决算是指该工程完工之后,管理、设备、材料、人工、运输等各

环节直接发生的费用。追加结算则是由于该工程在施工期间,因故更改工程某些不可预计的设计或者位置、材料、工艺、尺寸、质量标准等内容,进而产生超出预算计划的部分费用。

八、建筑工程标志尺寸、构造尺寸、实际尺寸

(1)标志尺寸是用以标注建筑物定位轴线之间(开间、进深)的距离大小,以及建筑制品、建筑构配件、有关设备位置的界限之间的尺寸,标志尺寸应符合模数制的规定。

(2)构造尺寸是建筑制品、建筑构配件的设计尺寸,构造尺寸小于或大于标志尺寸。一般情况下,构造尺寸加上预留的缝隙尺寸或减去必要的支撑尺寸等于标志尺寸。

(3)实际尺寸是建筑制品、建筑构配件的实际尺寸,实际尺寸与构造尺寸的差值,应为允许的建筑公差数值。

九、建筑工程定位轴线

定位轴线是用来确定建筑物主要结构或构件的位置及标志尺寸的线。

十、建筑工程的横向、纵向以及横向轴线、纵向轴线

(1)横向,指建筑物的宽度方向。

(2)纵向,指建筑物的长度方向。

(3)沿建筑物宽度方向设置的轴线叫横向轴线,其编号方法为用阿拉伯数字从左至右编写在轴线圆内。

(4)沿建筑物长度方向设置的轴线叫纵向轴线,其编号方法为用大写字母从上至下编写在轴线圆内(其中字母 I、O、Z 不用)。

十一、建筑工程房屋的开间、进深

建筑工程的开间指一间房屋的面宽及两条横向轴线之间的距离;进深指一间房屋的深度及两条纵向轴线之间的距离。

十二、建筑工程层高和净高

层高通常是指建筑物的层间高度,即本层楼面或地面至上一层楼面或地面的高度;净高指房间的净空高度,即地面至天花板下皮的高度。

十三、建筑总高度

建筑总高度指室外地坪至檐口顶部的总高度。

十四、建筑工程的标高、绝对标高、相对标高

(1)建筑物的某一部位与确定的水基准点的高差,被称为该部位的标高。

(2)绝对标高亦称海拔高度,我国把青岛附近黄海的平均海平面定为绝对标高的零点,全国各地的标高均以此为基准。

(3)相对标高是以建筑物的首层室内主要房间的地面为零点(+0.00),表示某处距首层地面的高度。

十五、建筑面积、使用面积、使用率、交通面积、结构面积

(1)建筑面积指建筑物长度、宽度的外包尺寸的乘积再乘以层数,它由使用面积、交通面积和结构面积组成。

(2)使用面积指主要使用房间和辅助使用房间的净面积(净面积为轴线尺寸减去墙厚所得的净尺寸的乘积)。

(3)使用率亦称得房率,指使用面积占建筑面积的百分数。

(4)交通面积指走道、楼梯间、电梯间等交通联系设施的净面积。

(5)结构面积指墙体、柱所占的面积。

十六、建筑工程红线

建筑红线指规划部门批给建设单位的占地面积,一般用红笔圈在图纸上,具有法律效力;这个红线来源于国家管理部门针对城市规划有七线色的规则,即红线、绿线、蓝线、紫线、黑线、橙线和黄线。具体有如下几个方面。

(1)红线主要用于道路控制。

(2)绿线用于规划城市公共绿地、公园、单位绿地和环城绿地等。

(3)蓝线规定城市水面,主要包括河流、湖泊及护堤。

(4)紫线规定历史文化街区。

(5)黑线指高压线用地的控制范围。

(6)橙线用于轨道交通管理。

(7)黄线用于地下文物管理。

规划蓝线一般称河道蓝线,是指水域保护区,即城市各级河、渠道用地规划控制线,

包括河道水体的宽度、两侧绿化带以及清淤路。根据河道性质的不同,城市河道的蓝线控制也不一样。

十七、建筑物等级

建筑物的等级是国家鼓励相关部门依据耐久等级(使用年限)和耐火等级(耐火年限)进行划分的。

(1)按耐久等级划分,共分为四级:一级,耐久年限百年以上;二级,耐久年限 50～99 年;三级,耐久年限 15～49 年;四级,耐久年限 15 年以下。

(2)按耐火等级划分,共分为四级:从一级到四级,建筑物的耐火能力逐步降低。

十八、建筑工程的砖混结构

建筑房屋的竖向承重构件采用砖墙或砖柱,水平承重构件采用钢筋混凝土楼板、屋顶板,此类结构形式被称作砖混结构。

十九、建筑工程框架结构

建筑框架结构指由柱子、纵向梁、横向梁、楼板等构成的骨架作为承重结构,墙体是围护结构。

二十、建筑工程剪力墙

建筑工程剪力墙指在建筑框架结构内,增设的抵抗水平剪切力的墙体。高层建筑所要抵抗的水平剪力,主要是由地震引起的,故剪力墙又被称作抗震墙。

二十一、建筑工程剪力墙结构

建筑工程的剪力墙结构是指竖向荷载由框架和剪力墙共同承担;水平荷载由框架承受 20%～30%、剪力墙承受 70%～80%的结构。剪力墙长度按每建筑平方米 50 毫米的标准设计。

二十二、建筑工程的全剪力墙结构

通常是指利用建筑物的内墙(或内外墙)作为承重骨架,来承受建筑物竖向荷载和水平荷载的结构。

二十三、建筑的钢结构

钢结构是建筑物的主要承重构件由钢材构成的结构,具有自重轻、强度高、延性好、施工快、抗震性好的特点。钢结构多用于超高层建筑,造价较高。

二十四、建筑的砖混结构和框架结构

(1)标准建筑的砖混结构一般自重为 1500 千克/平方米;标准建筑的框架结构采用轻质板(加气混凝土隔墙、轻钢龙骨隔墙等),自重为 400~600 千克/平方米,仅为砖混结构的 1/3,自重较轻。

(2)房间布置灵活。框架结构的承重结构为框架本身,墙板只起到围护和分隔的作用,因而布置比较灵活。

(3)增加了有效面积。框架结构墙体较砖混结构薄,相对增加了房屋的使用面积。

(4)建筑全钢结构的用钢量比砖混结构高出约 30%,与砖混结构相比,造价偏高。

(5)另外,砖混结构中的所有支撑柱子截面尺寸过大,会凸出墙外,影响美观。

二十五、建筑工程的基础和地基

(1)基础是建筑物埋在地面以下的承重构件,是建筑物的重要组成部分,它的作用是承受建筑物传下来的全部荷载,并将这些荷载连同自重传给下面的土层。

(2)地基是基础下面的土层,它的作用是承受基础传来的全部荷载。

二十六、建筑物的基础分类

(1)按使用材料分,可分为砖基础、毛石基础、混凝土基础、钢筋混凝土基础等。

(2)按构造形式分,可分为独立基础、条形基础、井格基础、板式基础、筏形基础、箱形基础、桩基础等。

(3)按使用材料受力特点分,可分为刚性基础和柔性基础。

二十七、建筑的防潮层

为了防止地下潮气沿墙体上升和地表水对墙面的侵蚀,采用防水材料将下部墙体与上部墙体隔开,这个阻断层就是防潮层。防潮层的位置一般在首层室内地面下 60~70 毫米处以及标高-0.06~-0.07 米处。

二十八、建筑的勒脚、踢脚

（1）建筑的外墙墙身下部靠近室外地坪的部分就是勒脚。勒脚的作用是防止地面水、屋檐滴下的雨水的侵蚀，从而保护墙面与根基，保证室内干燥，提高建筑物的耐久性。勒脚的高度一般为室内地坪与室外地坪的高差。

（2）踢脚是外墙内侧和内墙两侧与室内地坪交接处的构造部分。踢脚的作用是防止扫地时污染墙体面，踢脚的高度一般在 120～150 毫米。

二十九、建筑物的散水与明沟

建筑物的散水是靠近勒脚下部的排水坡；明沟是靠近勒脚下部设置的排水沟。它们有共同的作用，那就是为了迅速排除从屋檐滴下的雨水，防止因雨水过大顺墙向下冲刷积水渗入地基而造成建筑物的下沉。

三十、建筑工程的凿毛工艺

通常是将建筑施工后的混凝土结构面，用特殊工具凿出一条条凹痕，然后再利用这些凿毛的部分继续进行施工，进而促使两个施工阶段的施工面黏结牢固。其主要用在高质量的现浇结构中，现浇板浇筑完毕后，就需要凿毛，进行下一层柱墙的浇注，使混凝土黏结牢固。凿毛按施工工艺分为全部凿毛与星点凿毛。砼表面用钻子打毛糙，然后用水冲洗干净，其目的主要是增加后浇砼和它的黏结力。

三十一、建筑工程的拉毛工艺

施工时，通常把特殊匹配的水泥砂浆，通过操作者的特定工具和手法，刷在墙上后，再用一种像刷子那样的工具，把水泥砂浆拉成有点像冰激凌尖的形状，其作用是不让墙壁太光滑产生声和光的有序反射，多用于公共场所的建筑外墙、展示墙、院墙等有品位要求的建筑立面上。

三十二、建筑工程的甩毛

建筑工程中的甩毛工艺，是用一种专用喷枪把有黏合剂的水泥砂浆喷在结构层面上，使粉刷层与结构层黏合牢固，不会产生粉刷层空鼓，其作用是不让墙壁太光滑产生声和光的有序反射，多用于公共场所的建筑外墙、展示墙、休闲墙、院墙等有品位要求的建筑立面上。

三十三、建筑物的女儿墙

中国最传统的建筑结构独有的名称,通常特指房屋外墙高出屋顶面的那段矮围墙。

三十四、建筑工程招投标

建筑工程招标是指建筑单位(业主)就拟建的工程发布通告,用法定方式,吸引建筑项目的承包单位参加竞争,进而通过法定管理程序,从中选择条件优越者来完成工程建筑任务的一种法律行为。

建筑工程投标是指经过特定管理审查而获得投标资格的建筑项目承包单位,按照招标文件的要求,在规定的时间内,向招标单位填报投标书,争取中标的法律行为。

第六章　土建材料与地面装饰工程

一、石制材料

石制材料是指从沉积岩、岩浆岩、变质岩的天然岩体中开采的岩石,经过加工、整形而形成板状和柱状材料的总称。石材是具有建筑和装饰双重功能的材料。天然饰面石材一般指用于建筑饰面的大理石、花岗岩及部分的板石,主要指镜面板材,也包括火烧板、亚光板、喷砂板及饰面用的块石、条石、板材。

目前,国内外物业管理行业土建工程必用的石材的分类方法不统一,参照我国建筑业的常见工程工艺的可将其分为毛石、大理石类、花岗石类、板石以及人造石类。

毛石:可分为纯天然的且无任何人工雕琢的自然形态毛石头和经过人工雕琢、修饰的组合型毛石。

图 6-1　毛石

大理石：具有装饰性、成块性及可加工性的各类碳酸盐岩或镁质碳酸盐岩以及相关的变质岩统称大理石。其主要造岩矿物是方解石或白云石，其化学成分为碳酸岩（碳酸钙、碳酸镁）。纯大理石为白色（我国常称汉白玉），如大理石含有其他杂质，含碳则成黑色，含氧化铁则成玫瑰色、橘红色，含氧化亚铁、铜则成绿色，因此大理石呈现出白、黑、红、黄、墨绿、灰、褐等各色斑纹。因大理石含有大量的氧化钙、氧化镁，故其耐酸碱性差，一般不做室外饰面板材。

图 6-2　大理石

花岗岩：具有装饰性、成块性及可加工性的各类岩浆岩和以硅酸盐岩矿物为主的变质岩统称为花岗岩。花岗岩是岩浆岩中最坚固、最稳定、色彩最多的岩石，其性能优于大理石及其他岩石；其体积密度为 2.63～2.8 克/立方厘米，压缩强度为 100～300 兆帕。花岗岩是由石英、长石及少量云母和暗色矿物组成的全晶质岩石，耐久性好、耐冻性强，使用年限达 75～200 年。按表面加工程度来划分，花岗岩可分为细面板材，即表面平整光滑；镜面板材，表面平整，具有镜面光泽的板材；粗面板材，表面粗糙平整。

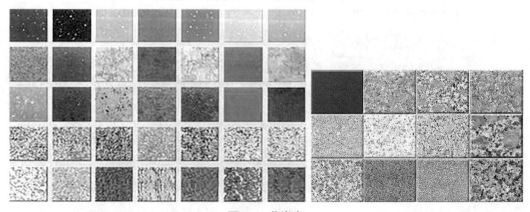

图 6-3　花岗岩

　　板石：具有板状构造且材质属性很杂乱的混合形毛石，沿板理面可剥成片，可作装饰材料用，经过轻微变质作用形成的浅变质岩统称为板石。

图 6-4　板石

　　人造石：人造石包括水磨石、人造大理石、人造花岗石、人造树脂石、微晶石等繁多类型。

　　其中，人造大理石和花岗石的外表光泽与石质感及硬度与真石相比基本没有明显的差距，最明显的差别在于人造大理石和花岗石的背面都能看到用玻璃纤维编制的网纹状背胶。

　　人造树脂石通常是指人造石实体面材、人造石英石、人造石岗石等。人造石的类型不同，其成分也不尽相同。人造树脂石的成分主要是石质颗粒、树脂、铝粉、颜料和固化剂，是应用高分子的实用建筑材料。其制造过程是一种化学材料的反应过程。是随着人类社会科学技术的进步而产生并且还在不断改进的一种实用科学材料。人造树脂石主要应用于建筑装饰行业中，是一种新型环保复合材料。相比不锈钢、陶瓷等传统建材，人造石不但功能多样，颜色丰富，应用范围也更加广泛。人造石具有无毒性、无放射性、阻燃、不粘油、不渗污、抗菌防霉、耐磨、耐冲击、易保养、无缝拼接、造型百变、可配色无痕修补等诸多优点。

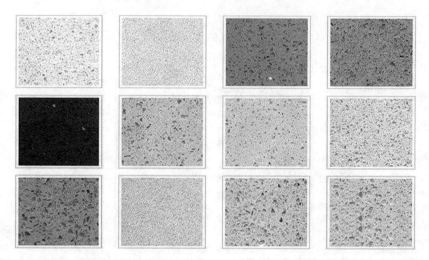

图 6-5　人造石

　　人造微晶石是在与花岗岩形成条件相似的高温状态下,以天然无机材料、采用特定的工艺、将玻璃复合在陶瓷玻化石的表面,经二次高温烧结后完全融为一体,在加热过程中进行控制晶化而制得的一种含有大量微晶体和玻璃体的复合固体材料。微晶石的表面特点与天然石材极其相似,加之材料形状多为板材,因而将其称作微晶石材或者微晶板材。微晶石是近年来在建筑行业崭露头角的材料,以其华贵典雅、色泽美观、耐磨损、不褪色、无放射性污染等性能成为消费者的"新宠"。其中,复合微晶石被称为微晶玻璃复合板材。微晶石的物理厚度通常在 13～18 毫米,光泽度大于 95。

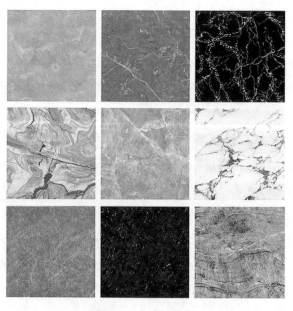

图 6-6　人造微晶石

表 6-1 天然石材的主要产品及其具体用途

天然石材及制品					具体用途
装饰石材	饰面石材	花岗石	板材、异型制品		建筑墙面、地面的湿贴、干挂；各种异型制品及异型饰面的装饰
		大理石			
		砂岩			
		板石	裂分平面板、凸面板		墙面、地面的湿贴、盖瓦、蘑菇石
	文化石材	花岗石	片石、毛石、板材、蘑菇石等		化墙、背景墙、铺路石、假山、瓦板
		大理石			
		砂岩			
		板石	片状板石、异型石		
		砾石	鹅卵石、风化石、冲击石		
		品石	抽象石	灵璧石、红河石、风砺石	案几、园林摆设、观赏
				太湖石、海蚀石、风蚀石	园林、公园、街景构景
			无象石	黄山石、泰山石、上水石	
			象形石	大型象形山石	风景、园林构景
				鱼、鸟、花、草、木等化石	案几、工艺品摆设
				雨花石、钟乳石	
			图案石	石中有近似图案的平面板石	家具、背景墙、屏风
		宝石	玉石、宝石、彩石		首饰、工艺雕刻
建筑石材	建筑辅料用石		碎石、角石、石米		人造石材、混凝土原料
			块石、毛石、整形石		千基石、基础石、铺路石
			河海石、砺石、碎石		建筑混凝土用石
石材用品	陵墓用石		花岗石、大理石		碑石、雕刻石、环境石
	雕刻用石		花岗石、大理石、砂石		各种手法的雕刻品
	工艺用石		滑石、叶蜡石、高菱石、蛇纹石等		工艺品雕刻
	生活用石		花岗石、大理石、块石、条石、异型石		石材家具、日常用途
	化学工业用石		块石、条石		酸碱、废水、废油、电镀、电解池槽
	工业原料用石		海河砂、辉长石、花岗石、大理石、白云石		铸石、玻璃、铸造、水泥原料
	农业用石		大部分硬质石类		水利用石，平衡土壤酸碱
	轻工业用石		重钙石、轻钙石、超细级碳酸钙粉		造纸、油漆、涂料填料、制药

二、石材的物理特性

石材的物理特性包括以下几方面:颜色、光泽度、硬度、密度、吸水率、耐磨性、强度、抗冻性、电绝缘性、耐酸碱性、放射性。

(1)石材地面装饰构造。室内外地面所用石材一般分为高光、镜面、亚光或磨光的矩形标准板材,板厚通常在 20 毫米左右。目前市场上也有少量的薄板,厚度在 8~10 毫米,其特别适合于家庭局部装饰施工造型。可使用薄地砖和 1:2 水泥砂浆掺 801 胶水铺贴(切记:超薄地砖的铺贴不能用水来调和砂浆)。

(2)石材地面装饰基本工艺流程。清扫铺垫整理基层地面,确保承重符合设计标准,应用 3:1 粗砂水泥浆找平确定流水方向→定标高、弹绘范围界线→选料拼纹理→板材浸水湿润→给安装定位标准板背面摊铺 1:3 细砂水泥浆挂浆,按照箭头定位顺向铺贴相应板材→橡皮锤找平锤实→灌缝(嵌缝)→立即清洁→养护 48 小时以上方可交工验收。

(3)施工要点。基层处理要干净,高低不平处要先凿平和修补。基层应清洁,不能有砂浆,尤其是白灰砂浆灰、油渍等,并用水湿润地面。铺装石材、瓷质砖时必须安放标准块,标准块应安放在十字线交点,对角安装。铺装操作时应每行依次挂线,石材必须浸水湿润,阴干后擦净背面。石材安装 24 小时后必须洒水养护,铺完后覆盖锯末养护。

(4)注意事项。①铺贴前将板材进行试拼,对花、对色、编号,与铺设出的地面花色一致。②石材必须浸水阴干,以免影响其凝结硬化,发生空鼓、起壳等问题。③铺贴完成后,2~3 天内不得上人。

铺贴陶瓷地面砖基本工艺流程:①铺贴彩色釉面砖类时:处理基层→弹线→瓷砖浸水湿润→摊铺水泥砂浆→安装标准块→铺贴地面砖→勾缝→清洁→养护。②铺贴陶瓷锦砖(马赛克)类时:处理基层→弹线、标筋→摊铺水泥砂浆→铺贴→拍实→洒水、揭纸→拨缝、灌缝→清洁→养护。

(5)铺贴地砖的施工环境要求和相关条件。

墙面抹灰应施工完成;地面的管线施工应完成,并办理完移交手续;地面的落地灰及浮灰应清理干净;卫生间等有防水要求的房间应完成地面防水及防水保护层施工并完成一次闭水试验,验收合格后可进行本道工序施工。

地砖要求提前一天放在水中浸泡后阴干,保证其湿润,但不可有明水(明水会造成地砖脱浆)。

地砖应按照颜色和花型及使用部位进行分类,有裂缝、掉角和表面有缺陷的、规格有差异的板块应筛选出来。

地砖的材质均要求有出厂证明和产品合格证以及相关的检查报告。尽量选用同一批砖,保证其表面光滑、图案正确、颜色一致。板块的长、宽、厚允许偏差不得超过 1 毫米;平整度用直尺检查,空隙不得超过 ±0.5 毫米。

在施工面积较大或者与其他相关部位交接多的情况下,要求必须先绘制出施工大样图进行现场放样,样板合格后方可进行施工。

三、地面瓷砖的施工工序、物理特性及施工工艺

1. 施工工序

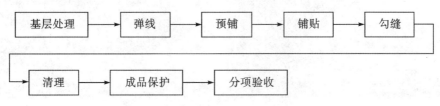

图 6-7 地砖铺贴的施工工序示意图

施工基层处理:将地面上的砂浆污物、浮灰、落地灰等清理干净,以达到施工条件的要求,如表面有油污,应采用 10% 的火碱水刷净,并用清水及时将碱液冲掉。考虑到装饰层与基层结合受力,在正式施工前应用少许清水湿润地面,用素水泥浆做结合层一道。

弹线:施工前在墙体四周弹出标高控制线(依据墙上的 50 厘米控制线),在地面弹出十字线,以控制地砖分隔尺寸。找出面层的标高控制点,注意与各相关部位的标高控制一致。对有排水功能的地面铺砖,要做流水坡方向调整,确保水能按照流水坡方向排到预定区域或者排水系统中。

预铺:首先应在图纸设计要求的基础上,对地砖的色彩、纹理、表面平整等进行严格的挑选,依据现场弹出的控制线和图纸要求进行预铺。对于预铺中可能出现的尺寸、色彩、纹理误差等进行调整、交换,直至达到最佳效果。

铺贴:地砖铺设采用 1:4 或 1:3 干硬性水泥砂浆粘贴(砂浆的干硬程度以手捏成团不松散为宜),砂浆厚度控制在 25~30 毫米。在干硬性水泥砂浆上撒素水泥,并洒适量清水。将地砖按照要求放在水泥砂浆上,用橡皮锤轻轻敲击地砖饰面直至其密实平整达到要求;根据水平线用铝合金水平尺找平,铺完第一块后向两侧或后退的方向继续。

镶铺:砖缝无设计要求,铺装时要保证砖缝宽窄一致,纵横在一条线上。

干挂:将石材板背面四周依次开挖相应的钉槽后,再装上干挂专用埋入螺丝,胶固晾干,然后在墙面上,纵横均匀分布金属干挂龙骨,最后将石材板通过干挂钉——干挂在龙骨上,板的四周再用密封胶封闭。

干挂工艺步骤:石料锯槽→背面刷胶→贴柔性加强材料→支底层板托架→放置底层

板用其定位→调节与临时固定→灌 M20 水泥砂浆→结构钻孔并插固定螺栓→镶不锈钢固定件→用胶黏剂灌下层墙板上孔→插入连接钢针→将胶黏剂灌入上层墙板的下孔内→临时固定上层墙板→钻孔插入膨胀螺栓→镶不锈钢固定件→镶顶层墙板→嵌板缝密封胶→饰面板刷两层罩面剂→竣工验收。

图 6-8　室内和室外地面瓷砖的铺贴

2.物理特性

地面瓷砖的物理特性与石材基本相同,颜色、光泽度基本相同,但是硬度、密度、吸水率、耐磨性、强度、抗冻性、电绝缘性、耐酸碱性普遍高于石材。另外,瓷砖基本没有放射性;厚度远远薄于石材板,最厚不会超过 20 毫米。

地面瓷砖的装饰构造。应用于室内外地面的瓷砖一般分为高光、镜面、亚光或磨光的矩形标准板材,板厚通常为 15～20 毫米。另外,瓷砖的表面种类比石材多,像防滑、纹理、仿石、立体、玻化、马赛克都可以用于常见的室内外地面和墙面装饰工程。其中,由于彩色仿石纹理瓷砖的纹理是印刷上去的,因此特别容易被阳光晒褪色,所以不能用于室外阳光照射强烈的场所;还有高光、立体、马赛克等类型也不适合放在地面上,但可以用于墙面或者立面装饰工程。

地面瓷砖的工艺流程与石材的工艺流程基本一致。

3. 施工工艺

勾缝:地砖铺完 24 小时后进行勾缝,勾缝采用 1∶1 水泥砂浆勾缝。

清理:当水泥浆凝固后再用棉纱等物对地砖表面进行清理(一般在 12 小时之后为宜)。清理完毕后用锯末养护 2～3 天,当交叉作业较多时,可采用三合板或纸板铺盖在已铺好的地砖上,保护好成品工作面。

铺贴仿理石陶瓷地砖的施工要点:①混凝土地面应将基层凿毛,凿毛深度 5～10 毫米,凿毛痕的间距为 30 毫米左右。之后,清净浮灰、砂浆、油渍。②铺贴前应事先弹好线,在地面弹出与门道口成直角的基准线,弹线应从门口开始,以保证进口处为整砖,非整砖置于阴角或家具下面。③铺贴陶瓷地面砖前,应先将陶瓷地面砖浸泡阴干。④铺贴时,水泥砂浆应饱满地抹在陶瓷地面砖背面,铺贴后用橡皮锤敲实。同时,用水平尺检查校正,擦净表面的水泥砂浆。⑤铺贴完 2～3 小时后,用白水泥擦缝,用水泥、砂子混合成 1∶1(体积比)的水泥砂浆,擦好后再用棉丝将表面擦净。⑥注意事项:a. 基层必须处理合格,不得有浮土、浮灰;b. 陶瓷地面砖必须浸泡后阴干,以免影响其凝结硬化,发生空鼓、起壳等问题;c. 铺贴完成后,2～3 小时内不得上人,陶瓷锦砖应养护 4～5 天才可上人。

地面瓷砖粘贴常见的质量缺陷为空鼓脱落、变色、接缝不平直和表面裂缝等。

(1)空鼓脱落:主要原因是黏结材料不充实、砖块浸泡不够及基层处理不净。施工时,袖面砖必须清净干净,浸泡不少于 2 小时,黏结厚度应控制在 7～10 毫米之间,不得过厚或过薄。粘贴时要使面砖与底层粘贴密实,可以用木槌轻轻敲击。产生空鼓时,应取下墙面砖,铲去原来的黏结砂浆,采用占总体积 3% 的 107 胶的水泥砂浆修补。

(2)变色:主要原因除瓷砖质量差、轴面过薄外,操作方法不当也是重要因素。施工中应严格选好材料,浸泡袖面砖应使用清洁干净的水。粘贴的水泥砂浆应使用纯净的砂子和水泥。操作时要随时清理砖面上残留的砂浆。变色较大的墙砖应予以更新。

(3)接缝不平直:主要原因是砖的规格有差异和施工不当。施工时应认真挑选面砖,将同一类尺寸的归在一起,用于一面墙上。必须贴紧标准点,标准点要以靠尺能靠上为准,每粘贴一行应及时用靠尺横、竖靠直检查,及时校正。如接缝超过允许误差,应及时取下墙面瓷砖,进行返工。

(4)表面裂缝:先用水泥砂浆做胶结料,然后加入不同的色彩和不同大小的花岗石或大理石碎石,再经过搅拌→塑形→找平→润水保湿→润水打磨→上光→养护等一系列工序后,就能完成具有装饰效果的人造石材地面了。

图 6-9　地面瓷砖的铺贴效果

四、地板材料

地板材料是物业管理装饰工程的常用材料,可分为实木地板、复合地板、强化地板、塑胶地板、PVC 地板、树脂地板、塑料地板等。

实木地板目前又可分为室外型和室内型。其中,室外型通常是将原木分割成规定的矩形条板尺寸,然后,经过砂光→干燥→防腐处理→质检→包装等工艺制成耐晒、耐寒、耐磨、抗湿的室外专用商品;室内型通常是将原木分割成规定的矩形条板尺寸,然后,经过条板四周开榫企口→砂光→干燥→上漆→上光处理→质检→包装等工艺制成耐磨的室内专用商品。

1. 室外型实木地板

安装时,要特别注意地板铺板距离地面至少 30 毫米(地板龙骨高度),龙骨可用木塑龙骨或金属龙骨。另外要注意,由于实木地板铺在温差和湿度变化无常的室外,所以实木地板铺板时尽量不要直接铺在固定地面上;再者,铺板龙骨间距不得超过 400 毫米。铺板龙骨用膨胀螺钉固定在地基表面,一般 30 毫米的厚龙骨用 100 毫米窗式膨胀螺钉。金属龙骨壁厚要求至少 3 毫米,保证有 2～3 个螺纹旋入。地基平整度较差时,龙骨需用角码或 U 型钢加固。龙骨安装时,距离墙面 8～15 毫米。龙骨与地面固定时,在龙骨端头 50 毫米处打钉,两块地板的端头均须铺装龙骨,切记用防锈材料将所有安装裸露的金属件进行一一涂刷,严格执行防锈工艺。

图 6-10　室外型实木地板

2.室内型实木地板

一般是指将原木用专用机加工分割成一定尺寸的企口地板形状,再经过上漆→烘干→质检→包装等工艺制成高雅、高光泽或者亚光的室内专用商品。

图 6-11　室内型实木地板

3. 室内型实木复合地板

一般是指在基材上覆贴一定厚度的镶拼板或刨切单板为面板,通过合成树脂胶-脲醛树脂胶或酚醛树脂胶在高温成型热压工艺下制成地板。其具有典雅自然、脚感舒适、保温性能好的特点,且极大地克服了实木地板单体收缩、容易起翘和裂缝的不足,具有较好的尺寸稳定性,且防虫、防浸水、耐过热、不助燃、不反翘变形,从保护森林资源、爱护环境的角度看,它是实木地板非常好的替代产品。由于实木复合地板的结构独特,使得它具有很好的稳定性。实木复合地板最大的优点是加工精度高,表层、芯层、底层各层的工艺要求相对其他木地板来说更高,因此结构稳定,安装在地暖地面上的效果好。实木复合地板可分为多层实木复合地板、三层实木复合地板。其缺点是含有少量甲醛。

室内型实木复合地板在安装时,无论是否是地热地面都可以不用木龙骨进行铺装施工,但是防虫剂、防潮膜、密封胶以及其他铺装规则必须同铺装实木地板完全一致。

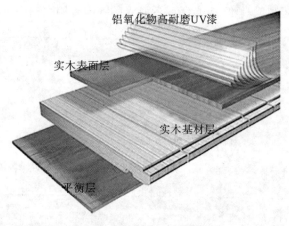

图 6-12   实木复合地板结构图

4. 室内型强化木复合地板

一般是指用密度板做基板,密度板是用木粉加胶压制而成,不透气、脚感差,不耐水、不防潮,甲醛释放量高。其表面是装饰木纹纸,因其涂装三氧化二铝耐磨层,所以耐磨性较好。

室内型强化木复合地板在安装时,无论是否是地热地面都可以不用木龙骨进行铺装施工,但是防虫剂、防潮膜、密封胶以及其他铺装规则必须同铺装实木地板完全一致。

铺装地板与墙壁之间必须预留 10 厘米以上的温差伸缩缝距离。另外,地板缝隙之间必须在其四周涂密封胶以确保日后不渗漏水渍,以免产生腐烂、滋生害虫。

图 6-13　室内型实木复合地板的铺贴

5.塑胶地板

是目前市场上非常流行的高档地面材料,其外观可以做成石材、木材、创意纹理等图案,属于高科技新型轻体地面装饰材料,具有防水、防火、防滑、耐磨、无尘等优点。

图 6-14　常见的塑胶地板的各种纹理

(1)施工顺序:基层表面处理→放线→预铺→均匀涂胶→铺塑胶地板→滚压→养护。

(2)施工要点:①基层应达到表面不起砂、不起皮、不起灰、不空鼓,无油渍,手摸无粗糙感。不符合要求的,应先处理地面。②弹出互相垂直的定位线,并依拼花图案预铺。③称量配胶:采用双组分胶黏剂时,要按配比准确称量,预先配制好待用。④基层与塑料地板块背面同时涂胶,胶面不粘手时即可铺贴。⑤胶黏剂涂刮后在室温下暴露于空气中使溶剂部分挥发,至胶层表面手触不粘时,可将塑胶地板贴上。⑥块材每贴一块后,将挤出的余胶及时用棉丝清理干净。⑦铺装完毕,要及时清理地板表面,使用水性胶黏剂时可用湿布擦净,使用溶剂型胶黏剂时应用松节油或汽油擦除胶痕。

(3)注意事项:①相邻两房间铺设不同颜色、图案的塑胶地板时,分隔线应在门框踩口线外,使门口地板对称。②铺贴时,要用橡皮棰从中间向四周敲击,将气泡赶净。③铺贴后三天不得上人。④塑胶地板材料需竖立存放、不得平放于地面或堆叠摆放,避免出现变形。存放位置应保持干燥、避免太阳直接照射。⑤塑胶地板专用胶黏剂应单独存放,防止阳光暴晒。⑥铺设时,室内温度不大于 80%,施工环境温度不低于 $10℃$。⑦铺贴完后室温宜控制在 15℃～30℃，在湿度小于 80％ 的环境中自然养护一般不少于 24 小时。⑧冬季施工的空间无暖气保温，严禁施工。⑨使用塑胶地板时，严禁使用高温器具（如电热器、电炉等），不得直接与板面直接接触，以免烫伤、烧焦面层或造成翘曲、变色。

图 6-15 塑胶地板的铺贴效果

五、实木地板在地暖空间里安装的注意事项

（1）必须先加装防伸缩实木地龙骨，并且在处理过的安装基面上铺一层防潮垫（也可以在铺完龙骨后，在龙骨上面铺防潮垫）。四周墙脚均应铺设完整，防潮布铺至四周的墙角上约 11 厘米高处，以完全杜绝潮湿季节室内水气的进入。

（2）实木地龙骨必须选用干燥过的硬质木条，实木条不可用水泥封闭。龙骨间隙以不大于 35 厘米为宜（大于这个尺寸踩踏时容易出现声响）。一般龙骨宜宽不宜高，但高度最低也不能低于 1.5 厘米，不然会失去握钉能力。

（3）地龙骨安装时，需与墙壁之间留 1 厘米至 1.5 厘米作为伸缩空隙，地龙骨与地面用钉子固定，但注意管道区的地龙骨不能用钉子固定，要用胶粘，胶要选择质量好、环保的。地龙骨装完后还需要找平。在地龙骨四周撒一些防虫剂，以防木板条腐朽生虫。

（4）实木地板一般为等距（错位）铺装。从墙面一侧留出 8～10 毫米的缝隙，铺设第一块实木地板，地板凸角向外。

（5）每块实木地板凡接触地龙骨的部位，必须用地板钉或汽钉固定，用 4 厘米螺纹钉（或汽钉）以 45°～60° 斜向钉入，把实木地板固定在地龙骨上，螺纹钉（或汽钉）最低钉长不得少于 3.5 厘米。

（6）铺垫的地龙骨一定要干燥，安装时用木楔及地板专用钉牢固地固定在地面上，切忌用水泥来固定地龙骨。

六、彩色砌块造型透水砖

彩色砌块造型透水砖是一种轻质多孔、保温隔热、防火性能良好、可钉、可锯、可刨和具有一定抗震能力的新型建筑材料。其材质面层为天然彩色花岗岩、大理石与改性环氧树脂胶合，再与底层聚合物纤维多孔混凝土经压制复合成形。此产品面层华丽，有石材一般的质感，与混凝土复合后，强度高于石材，且价格是石材地砖的1/2，是一种经济、高档的铺地产品。其具有良好的透水、透气性能，可使雨水迅速渗入地下，补充土壤水和地下水，保持土壤湿度，改善城市地面植物和土壤微生物的生存条件。其可吸收水分与热量，调节地表局部空间的温度和湿度，对调节城市小气候、缓解城市热岛效应有较大的作用。

另外，雨后的砖面不积水，雪后不打滑，可方便市民安全出行。该砖的表面呈微小凹凸，防止路面反光，能够吸收车辆行驶时产生的噪声，提高车辆通行的舒适性和安全性。其色彩丰富、自然朴实、经济实惠、规格多样化的优点也特别适用于豪华商业区、大型广场、酒店停车场和高档小区、园林景观的地面人行道路美化等工程。

七、彩色砌块砖

彩色砌块砖是由彩色特殊透水混凝土，使用造型模具，经高温、高气压将砌块模压成型，这些彩色砌块砖特别坚硬而轻质，透水能力特强，可以用于各种规格的人行道的铺设和各种园林造型绿荫道、街道、休闲广场以及停车场、码头等特色人行地面铺设工程。

图 6-16　彩色砌块砖的铺贴效果

第七章　墙面材料与立面装饰工程

砖墙是一种用黏土加水用模具成型后,再经砖窑烧制,形成的坚硬多孔、保温隔热、防火性能良好的砌墙。其中,红砖是一种可以做立柱、盖房子、建桥的古老而低廉的建筑材料。

图 7-1　砖墙

图 7-2　砖桥

红砖必须在砌筑前一天浇水湿润,一般以水浸入砖四边 1.5 厘米为宜,含水率为 10%~15%,常温施工不得用干砖上墙;雨季不得使用含水率达饱和状态的砖砌墙;另外,砌砖的水泥砂浆必须随拌随用,一般水泥砂浆和水泥混合砂浆须在拌成后 3～4 小时内全部使用完毕,不允许使用过夜砂浆。

水泥板龙骨墙是一种用标准尺寸的水泥大板通过专门设计的纵横交错的金属龙骨,双面安装水泥板,形成薄而坚固且耐撞击的强力空心隔墙。其可构成建筑内隔墙、防火内隔墙、隔声内隔墙、保温或隔热内隔墙以及兼具防火、隔声、保温或隔热性能为一体的内隔墙。

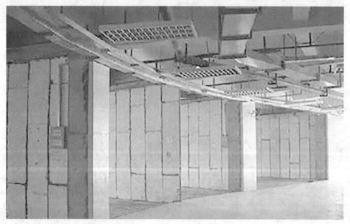

图 7-3　水泥板龙骨墙

石膏板龙骨墙是一种用标准尺寸的石膏板通过专门设计的纵横交错的金属龙骨,双面安装石膏板,形成薄而轻质的且不耐撞击的柔性空心隔墙。其可构成建筑内隔墙、防火内隔墙、隔声内隔墙,保温或隔热内隔墙以及兼具防火、隔声、保温或隔热性能为一体的内隔墙。

图 7-4　龙骨隔墙

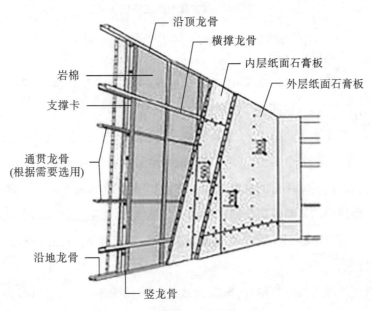

　　　　　　　　　　　　沿顶龙骨

　　　　　　　　　　　　横撑龙骨

　　　　　　　　　　　内层纸面石膏板

岩棉　　　　　　　　　外层纸面石膏板

支撑卡

通贯龙骨
(根据需要选用)

沿地龙骨

竖龙骨

图 7-5　石膏板龙骨墙的构造

彩钢保温板活动墙是一种以轻钢为骨架,以外覆新型材料彩色金属外墙保温装饰板,内覆石膏板内墙等高强度环保立面为围护材料,构件采用螺栓连接,可方便快捷地组装和拆卸连体空间或两层以下的大面积临时建筑。

图 7-6　彩钢保温板活动墙

彩钢保温板活动墙的优点。

(1)舒适:钢结构的活动板房采用高效节能体系,具有呼吸功能,可调节室内空气干湿度;屋顶具有通风功能,保证屋顶内部的通风及散热需求。

(2)快捷:全部无水作业施工,不受环境季节影响。一栋 300 平方米左右的钢结构活动板房,只需 5 个工人 30 个工作日便可以完成从地基到装修的全过程。

(3)环保:钢结构活动板房的材料可 100% 回收,真正做到绿色无污染。

(4)节能:钢结构的活动板房全部采用高效节能墙体,保温、隔热、隔音效果好。

(5)隔音:彩钢板加轻钢体系安装的窗均采用中空玻璃和保温材料石膏板组成的墙体,隔音效果特别好。

乳胶漆墙面是以水为分散稀释介质,合成树脂乳液为基料,经过研磨分散后加入各种助剂精制而成的涂料产品,其配方不含有机溶剂或仅含少量有机溶剂,因此在生产和施工时,没有或基本没有有机溶剂挥发而产生的对环境污染和对人体危害的问题;运输和贮存时,也不存在爆炸和火灾等危险问题。

另外,其具有很好的透气性和耐水性及耐擦洗等优点,可以广泛用于室内外墙体的装饰美化工程;在订购时,必须说明是准备用于室外墙壁还是室内墙壁施工,因为这两类产品的环保与性能配方标准相差很大,混搅以后会影响工程质量和质保年限。不过这两类产品的施工标准基本相同,在施工时,必须将施工面清除干净,再加刷 1～2 遍界面剂(如墙固剂),刮 2～3 遍腻子后打磨找平,最后用涂刷、辊涂、喷涂的方式上 3 遍乳胶漆即可完工。当漆面被污染后,应立刻喷洒干净的清水,再用清洁布反复擦拭污渍至干净为止。

图 7-7　粉刷乳胶漆

界面剂是通过对物体表面进行工艺遮盖处理,该工艺处理可能是物理作用的吸附或包覆,也可能是物理化学的作用。其目的是改善或完全改变材料表面的物理技术性能和表面化学特性。

界面剂是以改变物体界面物理和化学特性为目的的产品,也可以称为界面改性剂。对物体表面进行处理,以改善材料的表面性能,则称为表面处理。界面剂在不同的领域

都有应用,其对物体表面的处理
工艺手段及目的也都不同,常见
的界面剂对物体界面的处理与
改性可分为四种工艺类型:润湿
与浸渍、涂层处理、偶联剂处理
以及表面改性。

　　界面剂在施工时,必须将施
工面清除干净,然后再加刷 1～2
遍界面剂,待其干燥后方可进行

图 7-8　界面剂

后续的刮腻子工序(粉状界面剂可以参照产品说明书的用量标准兑水施工)。如果刮腻
子之前去墙皮不干净且没有涂刷界面剂的话,那么等腻子干透之后,就会出现局部脱皮
和大面积皲裂等严重质量隐患。

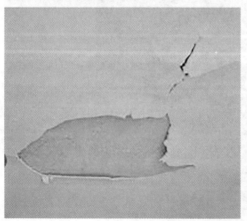

图 7-9　墙体局部脱皮和大面积皲裂

　　腻子粉是目前建筑工程中对水泥、保温墙面进行装饰美化的必用施工材料,目前市场上主要有两类产品在工程施工常用,一种是普通腻子粉,价格低廉,配方简单,环保性能略差;另一种是耐水腻子粉,是融合精细化工技术的高科技产品,配料中不含有害化学成分,在产品配方选料过程中,会对所选购的原料进行严格的地矿性能测试,重金属含量较低,更加环保。

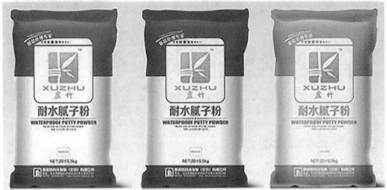

图 7-10　腻子粉

　　刮腻子是施工者用专用工具,将腻子均匀、平坦地刮在已经被界面剂覆盖好的室外或者室内墙面上,保证所刮墙面平整。刮腻子时一般刮三遍,每遍腻子必须彻底干透后,再用相应目数的专业砂纸与砂光、打磨机械工具,进行工作面整体打磨,待全部完成,才能再刮下一遍腻子。

图 7-11 刮腻子

刮腻子的技能操作步骤与规范。

(1)清理基层:砼或抹灰墙面、顶板、柱和板缝处必须认真清理干净,不得有尘土、粘浆、溅沫及油污。抹灰层要干燥、牢固,空鼓部位要修补好,将残留在抹灰层的灰尘、污垢、溅沫和砂浆流痕等杂物清除扫净。

(2)刮阴阳角:刮腻子时,要求阴阳角清晰顺直。阳角用铝合金杆反复靠杆挤压成形;阴角采用专用工具操作,使其清晰顺直。

(3)第一遍腻子厚度控制在4~5毫米,主要用于找平,按照平行于墙边的方向依次进行施工,不能留槎,收头必须收得干净利落。

(4)地面打磨:尽量用较细的砂纸,一般来说,质地较松软的腻子用400~500号的砂纸,质地较硬的腻子用360~400号的砂纸为佳。砂纸太粗的话会留下很深的砂痕,刷漆是覆盖不了的。打磨完毕后一定要彻底清扫一遍墙面,以免粉尘太多影响漆的附着力。

(5)第二遍腻子厚度控制在3~4毫米,第二遍腻子必须等底层腻子完全干燥并打磨平整后再进行施工,平行于房间的短边方向用大板进行满批,同时待腻子 6~7 成干时用橡胶刮板进行压光修面,来保证面层平整光洁,纹路顺直,颜色均匀一致。

硅藻泥墙面是一种以硅藻土为主要原材料的室内型环保装饰立体造型护墙材料,具有消除甲醛、净化空气、调节湿度、释放负氧离子、防火阻燃、墙面自洁、杀菌除臭等功能。由于硅藻泥健康环保,不仅可以进行大面积特殊花式图案或者肌理立体造型装饰施工,还具有保温、柔软、吸音等功能,是能够替代壁纸和乳胶漆的新一代室内装饰材料。

图 7-12　硅藻泥

刮硅藻泥的前两遍施工的标准基本一致,刮平就可以,无须进行打磨找平工序。通常第一遍刮平约 1 毫米,完成后约 50 分钟(根据现场温度情况而定,以表面不粘手为宜,有露底的情况用料补平)刮抹第二遍(厚度约 1.5 毫米),总厚度在 1.5~3.0 毫米之间。第三遍则是用专用的图案工具,进行花式图案或者肌理大面积立体造型操作。

图 7-13　硅藻泥墙面造型

　　拉毛涂料墙面是一种质感与硅藻泥类似的、可以进行大面积特殊花式图案或者肌理立体造型的装饰材料,在施工中进行批刮、喷涂、刮痧、压膜、仿柔性面砖、仿瓷砖等工艺操作皆可。拉毛涂料属于厚质立体图案造型涂膜,基层必须提前涂刷界面剂,待其干透后,批刮一遍腻子就行。批刮时只要对明显的凹凸处进行批刮,进行大致找平就可以,然后就可以利用特殊图案造型工具,进行立体图案造型工序。待整个墙体完成后,还可以用特色乳胶漆进行二次艺术美化或者上光工艺操作,不必像乳胶漆那样严格要求平整和多道批涂。

图 7-14　拉毛涂料

图 7-15　拉毛涂料墙面

　　仿石涂料墙面是一种质感与精加工自然石类似的、可以进行大面积特殊花式图案造型或者肌理立体造型的装饰材料,在施工中进行批刮、喷涂、刮痧、压膜、仿柔性面砖、仿瓷砖等工艺操作皆可。其中,拉毛涂料属于厚质立体图案造型涂膜,其基层必须提前涂刷界面剂,待干透后,即可进行大面积特殊花式图案或者肌理立体造型装饰施工。

图 7-16 仿石涂料墙面花纹及施工作业

　　壁纸墙面(俗称墙纸)是一种室内专用装饰材料。其具有色彩多样、图案丰富、豪华气派、安全环保、施工方便、价格适宜等多种其他室内装饰材料所无法比拟的优点。一般墙纸的标准规格有每卷幅宽 50 厘米、总长 10 米和每卷幅宽 60 厘米、总长 10 米等尺寸，另外还有一些其他更宽幅的非标壁纸。

　　贴壁纸施工的墙壁处理与刷乳胶漆时的墙面处理基本一致。

　　(1)清理基层:砼或抹灰墙面、顶板、柱和板缝处必须认真清理干净,不得有尘土、粘浆、溅沫及油污。抹灰层要干燥、牢固,空鼓部位需修补完好,将残留在抹灰层的灰尘、污垢、溅沫和砂浆流痕等杂物清除扫净。

　　(2)刮阴阳角:刮腻子时,要求阴阳角清晰顺直。阳角用铝合金杆反复靠杆挤压成形;阴角采用专用工具操作,使其清晰顺直。

　　(3)第一遍腻子厚度控制在 4～5 毫米,主要用于找平,按照平行于墙边的方向依次进行施工,不能留槎头,收头必须收得干净利落。

　　(4)基面打磨:尽量用较细的砂纸,一般来说,质地较松软的腻子用 400～500 号的砂纸,质地较硬的腻子用 360～400 号的砂纸为佳。砂纸太粗的话会留下很深的砂痕,刷漆是覆盖不了的。打磨完毕后一定要彻底清扫一遍墙面,以免粉尘太多影响漆的附着力。

图7-17 贴壁纸施工

（5）第二遍腻子厚度控制在3～4毫米，第二遍腻子必须等底层腻子完全干燥并打磨平整后再进行施工，平行于房间的短边方向用大板进行满批，同时待腻子六七成干时用橡胶刮板进行压光修面，来保证面层平整光洁，纹路顺直，颜色均匀一致。

（6）等到第二遍腻子干透以后，必须将墙面整体涂刷一遍壁纸基膜。

（7）施工流程：壁纸尺寸定位→图案与花饰拼缝对齐→用壁纸刀——照尺裁切→用

笔将裁切好要用的壁纸按顺序编号记下→按序号均匀涂刷壁纸胶→单张胶面处对折→叠成一摞按序号排列成行→按序号铺贴→对线→图案与花饰拼缝对齐→刮平→修饰→施工至完毕。

（8）壁纸施工不会产生不环保的废料和大量的垃圾,壁纸的裁切边角废料,回收后依然可以做包装类纸浆;另外,壁纸胶是用食品糯米为原料制作的,也很环保。

壁布墙面（俗称墙布）是一种高档的室内专用装饰材料。市场上一般有两种常见产品类型,一种是用彩色印花无纺布做面层,底层依然用壁纸做衬底,价格略高于壁纸;另一种是直接用特殊彩色织布裁切成1～3米幅宽的壁布,价格昂贵,一般用于超豪华要求的场所。因为墙布色彩多样、图案丰富,施工铺贴特别麻烦,因此,工程上的应用比较少见。

图 7-18 壁布墙面效果图

铝塑板墙面是由高级铝质金属材料涂上能经久保持美观的超耐用氟化乙烯树脂烤漆层,再与特种塑胶复合后,经高温热压而成型。其厚度可厚可薄,饰面色彩由电脑图案印刷,可仿任何自然界图像,美观实用、艳丽多彩,耐蚀、耐冲击、耐污染性较好,防火、防潮、防水、隔热、隔音、抗震性能也相当优秀。另外,铝塑板的韧性高,具有高负荷抗扭曲和抗弯曲性能,在风沙较大的地区也不容易出现因风沙而造成的破损。

目前铝塑板安装比较成熟的做法有两种,一种是标准粘贴法,也就是用木夹板做衬底或者衬板,用专用胶水把分割好的铝塑板贴在衬板上面,然后在铝塑板缝之间打密封胶防止雨雪的侵蚀;另一种是干挂法,也就是用铝或钢龙骨做支撑底架,然后将做成盒子板状的铝塑板用自攻螺丝干挂在龙骨上面,调整龙骨取平后在铝塑板之间填充泡沫棒,再打密封胶防止雨雪的侵蚀。

目前,国外还采用开放式干挂扣合等方法,主要突出铝塑板材料的豪华装饰功能。

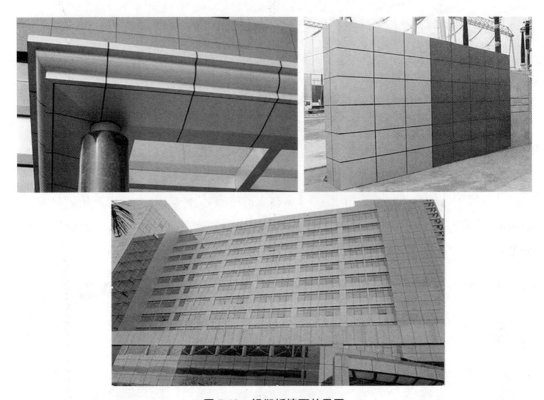

图 7-19　铝塑板墙面效果图

图 7-20　铝塑板的铺贴

　　木工板是目前立面施工中应用最多的衬底材料,通常以机插板、大芯板、密度板、胶合板、奥松板、刨花板、木粉板最为常见。临时搭建低廉墙体以及顶面、立面造型面时大部分都使用木工板做龙骨与衬底。

图 7-21　木工板

　　实木造型墙是用现代的施工工艺和仿制材料来实现古建筑的外观效果的模拟手法。实木造型墙一般使用硬杂木,经高级仿古木匠手工雕刻以及复杂的榫卯传统结构进行安装和精细造型,后经过上油、上色、金银珐琅彩绘后即可完工。

图 7-22　实木造型墙

实木门是根据墙体门洞的大小以及整体风格的要求，选用相应材质、式样、色彩的实木门与门套进行相应的安装施工。

图 7-23 各种造型的实木门

　　瓷砖造型墙是根据墙体的风格要求,选用相应的瓷砖进行干挂复杂铺贴施工,其具体工序与地砖铺设基本一致,唯一不同的是瓷砖造型墙通常要求垂直铺贴,砖缝的距离预留得很大,刻意突出砖与缝的视觉效果。

图 7-24　瓷砖造型墙

　　玻璃砖墙是为了满足隔墙整体半透明且坚固等特殊要求,特别适合个性办公隔断隔墙、淋浴房、走廊间隔、卫生间隔断等,适用于各类潮湿、溅水、防腐、防火环境。其施工搭建一次成型,免油漆、免贴膜、易清洁,安装方便快捷,整体坚固、保暖、隔寒且隔音良好。

图 7-25　玻璃砖墙

PVC **塑钢墙**对环境净化程度的要求和密封性的要求特高,主要应用于个性办公隔断、高洁净实验室、化验室、隔墙、淋浴房、走廊间隔、卫生间隔断等,适用于各类潮湿、溅水、防腐环境。其施工搭建一次成型,免油漆、免贴膜、易清洁,安装方便快捷,整体坚固、保暖、隔寒且隔音良好。

图 7-26　PVC 塑钢墙

　　彩钢板玻璃幕墙透明度高,特别适合应用于个性办公隔断、特色实验室、化验室、隔墙、淋浴房、走廊间隔、卫生间隔断等,适用于各类潮湿、溅水、防腐环境。其施工搭建一次成型,免油漆、免贴膜、易清洁,安装方便快捷,整体坚固、保暖、隔寒且隔音良好。

图 7-27　彩钢板玻璃幕墙

　　全玻璃干挂幕墙的透明度特别高,特别适合应用于个性超高建筑、特色实验室等"高、大、上"的外墙,适用于各类潮湿、溅水、防腐环境。其施工搭建一次成型,免油漆、免贴膜、易清洁,安装方便快捷,整体坚固、保暖、隔寒且隔音良好。

　　彩钢板门窗采用镀锌基板和耐蚀树脂涂层,采用冷弯成型咬口封闭工艺,实现了组合装配的深加工,气密性、水密性和抗风强度等基本物理性能都达到了建筑门窗的施工标准,能满足各类高档、豪华建筑装饰工程的配套需要,特别是其抗风强度较之其他类型的门窗有更大的优势。

图 7-28　全玻璃干挂幕墙

图 7-29　彩钢板门窗

塑钢门窗是采用 PVC 型材和镀锌钢板衬,通过切割、配钢衬、焊接或螺接的方式制成,实现了组合装配的深加工,气密性、水密性和抗风强度等基本物理性能都达到了建筑门窗的施工标准,能满足各类住宅建筑装饰工程配套的需要。其抗风强度较弱,在高层使用时要遵守国家相关建筑工程标准。

图 7-30 塑钢门窗

仿古门窗是用现代的加工设备和雕刻手法来设计生产的,其尽量仿造古代门窗的样式,然后再用一些传统的手法或者特殊的加工工艺使门窗看上去更加古朴自然。

图 7-31 仿古门窗

第八章　屋面材料与顶面装饰工程

屋面工程在建筑工程中担当着非常重要的角色,可分为室外工程以及室内工程。其中,室外工程涵盖屋顶上部屋面板及其上面的所有构造层次,包括隔汽层、通风防潮层、保温隔热层、防水层、保护层等。除了必须安全承受各种荷载作用外,还需要具有抵御风吹、雨淋、冰雪乃至地震的能力,以及经受温差和基层结构伸缩、开裂引起的变形等能力。

图 8-1　屋面工程

屋面工程施工中的卷材防水屋面是指以不同的施工工艺将不同种类的胶结材料黏结卷材固定在屋面上起到防水作用的屋面。其能适应一定程度的结构振动和胀缩变形，所用卷材有传统的沥青防水卷材、高聚物改性沥青防水卷材和合成高分子防水卷材三大类型。其工艺主要有五种。

（1）热粘法：采用热玛缔脂进行卷材与基层、卷材与卷材黏结的施工方法。

（2）冷粘法：采用胶黏剂或玛缔脂进行卷材与基层、卷材与卷材的黏结，不需要加热施工的方法。

（3）自粘法：采用带有自粘胶的防水卷材，不用热施工，也不需要涂胶结材料而进行黏结的施工方法。

（4）热熔法：采用火焰加热器熔化热熔型防水卷材底层的热熔胶进行黏结的施工方法。

（5）焊接法：采用热空气焊枪进行防水卷材搭接黏合的施工方法。

石膏板吊顶是指以建筑石膏为主要原料，对屋顶内壁的天花板进行装饰施工，是室内施工的重要部分之一。石膏板吊顶通常具有保温、隔热、隔音的作用，也是电气、通风空调、通信和防火、报警管线设备等工程的隐蔽层。

图 8-2　石膏板吊顶

金属板吊顶是指以金属为表面材料复合而成的新型室内顶面装饰材料，是以金属板、块装饰材料通过镶贴或构造连接安装等工艺与吊顶表面形成的装饰层面。其装饰层面能直接体现建筑物的装饰效果，能够对屋顶起到较好的装饰效果和保护作用。

PVC 扣板吊顶是指以 PVC 为基材、表面覆盖复合金属镀膜材料的新型室内顶面装饰材料，是可以通过镶贴或构造连接安装等工艺与吊顶表面形成的装饰层面。这种装饰层面能直接体现建筑物的装饰效果,对高湿环境的屋顶起到较好的装饰效果和防水保护。

图 8-3　金属板吊顶

图 8-4　PVC 扣板吊顶

石膏方板吊顶是指以建筑石膏为主要原料,经模压一次成型而形成的新型室内装饰材料,可以对顶面起较好的造型装饰和保护作用。

图 8-5　石膏方板吊顶

吸声方板吊顶是指以聚酯纤维为整体原材料,经高温模压一次成型而形成的新型室内装饰材料。其利用顶面声学的反射原理,对吊顶以下空间范围的杂音起到较好的吸收作用。

图 8-6　吸声方板吊顶

实木板吊顶是指以实木条板为整体原材料,经几何图案多次搭接成型而形成的室内吊顶装饰材料。其具有降低房间高度、美化屋顶的作用。

图 8-7 实木板吊顶

第九章　施工设备与安全操作技能

一、汽油割草机

汽油割草机是物业管理工作中经常要用到的绿化工具,它能切割局部区域中旺盛生长的青草或其他植被,有往复式割草机和旋转式割草机两类,其中,大部分工人喜欢用旋转式割草机。

图 9-1　汽油割草机

1. 使用须知

(1)在使用割草机割草之前,必须先清除割草区域内的杂物,以免损坏打草头、刀片。冷机状态下启动发动机,应先关闭风门,启动后再适时打开风门。另外,割草机连续工作时间最好不要超过 4 小时。

(2)割草机使用后,应对其进行全面清洗,JP+1并检查所有的螺钉是否紧固,刀片有无缺损,高压帽是否完好等。另外,还要根据割草机的使用年限,加强易损配件的检查或更换。

2.后期维护

(1)机油的维护。每次使用割草机之前,都要检查机油油面,看是否处于机油标尺上下刻度之间。新机使用5小时后应更换机油,使用10小时后应再更换一次机油,以后便可根据说明书的要求定期更换机油,应在发动机处于热机状态下更换机油。加注机油不能过多,否则将会出现黑烟大、动力不足、发动机过热等现象。加注机油也不能过少,否则将会出现发动机齿轮噪声大的情况,加速活塞环的磨损和损坏,甚至出现拉缸等现象,造成发动机的严重损坏。

(2)空气滤清器的维护。每次使用前和使用后应检查空气滤清器是否脏污,应对其勤换、勤洗。若其太脏会导致发动机难起动、黑烟大、动力不足。如果滤清器滤芯是纸质的,可卸下滤芯,掸掉附着在其上的尘土;如果滤芯是海绵质的,可用汽油清洗之后,适当在滤芯上滴些润滑油,使滤芯保持湿润状态。

二、洗地机

洗地机适用于硬质地面的清洗,同时可以吸干污水,并将污水带离现场,需要人推着前进,具有环保、节能、高效等优点。手推式洗地机适合多种地面的清洗,如水泥地面、大理石地面、PVC地板、耐磨地坪、塑胶地板、水磨石地面、环氧地坪、瓷砖等。

洗地机按电源方式可分为交流式洗地机(也叫电线式洗地机)、直流式洗地机(也叫电瓶式洗地机);按操作形式可分为折叠式洗地机、手推式洗地机、驾驶式洗地机。

图 9-2　洗地机

洗地机在使用过程中常会遇到以下问题,可按照步骤解决。

1. 刷盘上水量不足时

(1)检查水阀是否已打开。

(2)检查清水箱中的水量。

(3)检查水过滤网是否清洁。

(4)检查输送水到刷盘的管子是否被阻塞。

2. 机器清洗不完全时

认真检查刷盘的磨损情况并随时更换(当刷毛的长度低于 15 毫米时应更换刷盘);在污秽的地面上进行清洗时,应使用特殊的刷盘。

3. 吸水扒吸水效果不好时

(1)检查吸水扒胶条是否需要清洁,是否有固体残渣留在里面。

(2)更换破损的胶条,调整吸水扒的角度,吸水扒应根据胶条的磨损情况来调节高度。在清洗的过程中,后胶条应向后弯曲。

(3)检查吸水管是否已正确地插入污水箱的进口处。

(4)取下吸水单元并清洗它们。

(5)检查吸水电机开关是否已打开。

(6)检查水扒轮是否已调整。

4. 泡沫太多时

检查是否使用了低泡沫的清洁剂,如果需要,在污水箱中加入一些低泡沫剂。请记住,如果地面上的污垢很多,会产生很多的泡沫,这时应稀释清洁液。

5. 电机不转时

(1)无电源(必须用万能表检测电源线或外电源)。

(2)电源开关损坏或保险开关损坏(须更换)。

(3)离心开关(飞梭)是否分离(调整或更换)。

6. 噪声大时

(1)轴承损坏或失油(更换轴承)。

(2)马达螺丝松动(必须收紧螺丝,调正)。

(3)齿轮减速箱失油(须加油)。

(4)变速齿轮损坏(换变速齿轮)。

三、电动无齿锯

电动无齿锯是一种电动工具,用于切断铁质线材、管材、型材。其可轻松切割各种混合材料,包括钢材、铜材、铝型材、木材等,两张锯片反向旋转切割使整个切割过程无反冲力,也可用于抢险救援中切割木头、塑料、铁皮等物。无齿锯就是没有齿但可以实现"锯"的功能的设备,其主体是一台电动机的一个砂轮片,可通过皮带联接或直接在电动机轴上固定。其切削过程是通过砂轮片高速旋转,利用砂轮微粒的尖角切削物体,是利用砂轮自身的磨损进行切削。

图 9-3　电动无齿锯

电动无齿锯的使用须知有如下内容。

(1)检查作业区域附近是否存在安全隐患,并用试电笔测试总电源。

(2)仔细检查各个部位的开关、切割片、电动和传动部件,确保无异常。

（3）固定好切割物体，以免发生意外。

（4）注意身体与切割机的角度，使用绝缘的劳动保护用品。

（5）防止物件冲击后产生的飞溅物，并将接地线调整为最佳状态。

（6）定期检查、维修、保养电动无齿锯，使其始终处于良好状态。

四、手电钻

手电钻是用于金属材料、木材、塑料等钻孔的工具。手电钻有可充电的型号，配有充电电池，可在一定时间内，在无外接电源的情况下正常工作。另外，拥有冲击钻转换开关的，还可以替代冲击钻，打出一些小窟窿。

图 9-4　手电钻

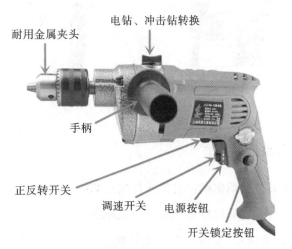

图 9-5　手电钻的构成

手电钻常用钻头是麻花钻头，最适用于在铁、铝合金等材料上施工，也可用于木质材料。但其定位不准确，易打歪，木头较厚时，容易出现高热冒烟事故。

开孔器适合在较薄金属材质和较硬的木质材料上开较大的孔径。

木钻头专门用于开挖口径较大的木质材料,其自带一个定位杆,可精确定位。

玻璃钻头适用于在玻璃、瓷砖、瓷器上打小于 20 毫米的孔径。

五、冲击钻

冲击钻俗称电锤,是用于混凝土、石材等材料钻孔的必备施工工具。当冲击钻开动产生回转的作用力外,还会同时产生一个高强度轴向震动的作用力,在电钻孔前进的过程中,使钻头产生高强度旋转谐振。

图 9-6　冲击钻

1. 冲击钻施工作业前的防护

(1)作业前,操作人员必须佩戴护目镜或其他面部防护用品。

(2)穿好合适的工作服,不可穿过于宽松的工作服。

(3)严禁戴首饰或留长发,预防转动带风伤害。

(4)严禁戴手套以及袖口不扣操作设备。

(5)工作场所必须整洁,具备充足的照明设备。

(6)使用Ⅰ类手电钻在潮湿的环境中作业时,必须穿戴绝缘手套、绝缘鞋。

(7)必须佩戴护目镜或其他面部防护用品。

(8)使用前检查设备电源线有无破损,若有,必须包缠好绝缘胶带。

(9)使用中电线切勿受水浸及乱拖乱踏,也不能触及热源和腐蚀性介质。

(10)在操作前要仔细检查钻头是否有裂纹或损伤,若发现有此情形,要立即更换。

2.冲击钻作业前应注意的事项

(1)确认现场所接电源与电钻铭牌是否相符,是否接有漏电保护器。

(2)钻头与夹持器应适配,并妥善安装。

(3)电钻上开关需处于锁扣状态,否则插头插入电源插座时电钻会立刻转动,可能使人员受到伤害。

(4)作业场所要在远离电源的地点,需延伸线缆时,应使用容量足够、安装合格的延伸线缆。延伸线缆如通过人行过道应做好防止线缆被碾压损坏的措施。

3.冲击钻正确的使用方法

(1)在金属材料上钻孔首先应在被钻位置处冲打上洋冲眼。

(2)钻较大孔眼时,预先用小钻头钻穿,然后再使用大钻头钻孔。

(3)如需长时间在金属上进行钻孔,可采取一定的冷却措施,以保持钻头的锋利。

(4)钻孔时产生的钻屑严禁用手直接清理,应使用专用工具清屑。

4.冲击钻的维护和检查

(1)检查钻头。使用迟钝或弯曲的钻头将降低作业效率,因此,若发现这类情况,应立刻处理更换。

(2)电钻器身紧固螺钉检查。使用前检查电钻机身螺钉紧固情况,若发现螺钉松动,应立即重新扭紧,否则会导致电钻故障。

(3)检查碳刷。电动机上的碳刷是消耗品,其磨耗度一旦超出极限,电动机将发生故障,因此,磨耗了的碳刷应立即更换。此外,碳刷必须保持干净。

六、电动套丝机

电动套丝机是用于各种口径的金属管自动套丝(俗称割丝)机械。

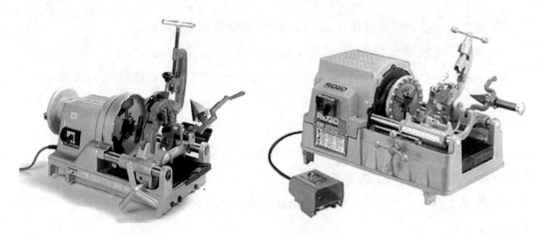

图 9-7 电动套丝机

电动套丝机套丝前的准备工作要点有如下内容。

(1)检查润滑油量。

(2)按照加工管径选择板牙头、板牙,将板牙按照顺序装入板牙头,松开手柄螺母,使板牙锁紧。

(3)加工工件前,应先空转运行,认真检查套丝机各部位是否正常,如有异常声响要停机检修,待确认运转正常后方可使用。

(4)松开前卡盘,从后卡盘的一侧将管子穿入。

(5)用右手抓住管子,先旋紧后卡盘,再旋紧前卡盘将管子夹牢,然后将捶击盘按逆时针方向拧紧,夹紧管子。

(6)在夹装短管够不着后卡盘时,应将前卡盘稍松开,放入短管,并使其与板牙斜口接触,保证管子的正确定位。

(7)扳起割刀架和倒角器,让开位置,扳下板头,使其与斜块接触,待板牙头可靠近定位后,按动电钮,启动机器。

(8)必须使管子逆时针方向旋转,然后旋转滑架手轮,使板牙头靠近管子。

(9)在滑架手轮上施力,直至板牙头在管子上套出 3~4 牙螺纹。

(10)放开滑架手轮,机器开始自动套丝,当板牙头的滚子越过斜块落下时,板牙会自动张开,套丝结束。

(11)退回滑架,查看整个板牙是否都从管子端退出,拉开板牙头锁紧螺母,同时扳起板牙头。

(12)松开前、后卡盘,取下加工工件。

(13)套丝过程中不断用润滑油润滑板牙。

(14)作业完毕后,关闭套丝机开关,切断总电源,清理场地。

(15)套丝机运行时,必须保证冷却润滑系统中的油箱内有充足的润滑油,并且油路畅通。每使用8~12小时,应清洗油杯,确保润滑油的清洁。

(16)当一块板牙损坏时,必须同时更换其他几块板牙,避免影响套丝质量。

(17)在板牙与管子接触时,旋紧滑架手轮的力量应逐渐增大,直至板牙与管子咬入3~4牙为止。

(18)必须保证滑架处于前导柱红线的右方才可进行套丝。若在红线左方开始套丝,就会造成板牙头与前卡盘相撞,损坏机器。

(19)套丝工件长度不得小于10厘米。工件长度较大时,需加装辅助托架,以免工件甩弯伤人。

(20)按规定穿戴好个人防护用品,特别注意要戴好工作帽。

(21)机器开动时应精力集中,不得擅离工作岗位,因故暂离或停电时,应停止机器并切断电源。

(22)加工过程中严禁手扶套丝工件。

七、气动排钉枪

气动排钉枪是施工中通过压缩气体射击排钉来固定具有一定厚度的木质、石膏板、PVC板类材料的利器,其必须操作正确,否则会发生人身伤害或财物损坏。

图9-8　气动排钉枪

八、空压机

空压机是施工过程中气动工具的气压产生设备。

1. 空压机使用作业条件须知

（1）固定式空压机必须安装得平稳牢固，符合规定；移动式空压机停置后，应保持水平，轮胎应楔紧。

（2）空压机的作业环境应保持清洁和干燥。贮气罐须放在通风良好处，半径 15 米内不得进行焊接或热加工作业。

图 9-9　空压机

（3）贮气罐和输气管路每三年应做一次水压试验，试验压力为额定工作压力的 150%。压力表和安全阀每年至少校验一次。

（4）移动式空压机拖运前，应检查行走装置的紧固、润滑等情况，拖行速度不超过 20 千米/小时。

2. 空压机作业前的检查

（1）曲轴箱内的润滑油量应在标尺规定范围内。加添润滑油的品种、标号必须符合规定。

（2）各联结部位应紧固，各运动部位及各部阀门开关应灵活，并处于起动前位置。

（3）冷却水必须用清洁的软水，并保持畅通。

（4）起动空压机在无载荷状态下进行，待运转正常后，再逐步进入载荷运转。

（5）开启送气阀前，应将输气管道连接好，输气管道应保持通畅，不得扭曲。通知有关人员后方可送气，在出气口前不准有人工作或站立。

3. 空压机作业中的安全注意事项

（1）空压机运转正常后，各种仪表指示值应符合原厂说明书的要求。

（2）贮气罐内最大压力不得超过铭牌规定，安全阀应灵敏有效。

（3）进气阀、排气阀、轴承及各部件应无异响或过热现象。

（4）每工作两小时需将油水分离器、中间冷却器、后冷却器内的油水排放一次，贮气罐内的油水每班必须排放一至二次。

（5）发现下列情况之一时，应立即停机检查，找出原因并待故障排除后，方可作业：①漏水、漏电或冷却水突然中断。②压力表、温度表、电流表的指示值超过规定。③压力表、安全阀和调节器等不灵敏。④排气压力突然升高，排气阀、安全阀失效。⑤机械有异响或电动机电刷发生强烈火花。

（6）运转中如因缺水致使气缸过热而停机时，不得立即添加冷水，必须待缸体自然降温至60℃以下方可加水。

（7）空压机运转过程中，如遇停电，应立即切断电源，待来电后重新起动。

4. 空压机作业后安全注意事项

（1）停机时，应先卸去载荷，然后分离主离合器，再停止内燃机或电动机的运转。

（2）停机后，关闭冷却水阀门，打开放气阀，放出各级冷却器和贮气罐内的油水和存气。当温度低于5℃时，应将存水放尽，方可离去。

（3）不得用汽油或煤油清洗空气压缩机的滤清器和芯以及气缸和管道的零件，不得用燃烧的方法清除管道的油污。

（4）使用压缩空气吹洗零件时，严禁将风口对准人体或其他设备。

（5）空压机在室外施工时，使用完毕后必须把电源插头拔下来，脱离电源插座，同时将空压机拖到室内妥善存放，确保设备安全。

九、手持式电动搅拌机

手持式电动搅拌机是施工过程中专门用来高速搅拌液体材料的电动设备。

图 9-10　手持式电动搅拌机

手持式电动搅拌机的操作须知有如下内容。

(1)作业前检查外壳、手柄,确认无裂缝、破损。

(2)作业前检查电缆软线及插头等是否完好无损,开关是否正常,保护接零连接是否正确、牢固可靠。

(3)作业前检查各部防护罩是否齐全牢固,电气保护装置是否可靠。

(4)机具启动后,应空载运转,检查并确认机器联动是否灵活无阻。

(5)作业时应控制搅拌器在搅拌时的转速,同时注意调整水灰比,防止电机过载。

(6)搅拌机为 40% 断续工作制,不得长时间连续使用。

(7)严禁超载使用。作业中应注意音响及温度,发现异常应立即停机检查。作业时间过长、机器升温超过 60℃时应停机,自然冷却后再行作业。

(8)作业中,不得用手触摸搅拌头,发现其有破损情况时,应立即停机修整或更换。

(9)机器转动时,操作者必须双手紧握钻把,不得随意撒手不管。

第十章　建筑五金与配件组装应用

一、水龙头

水龙头是最常见的用水器具,通常分为普通龙头和螺口龙头、机制龙头、冷热龙头。其中,冷热龙头必须匹配,冷热水管方可正常送水。

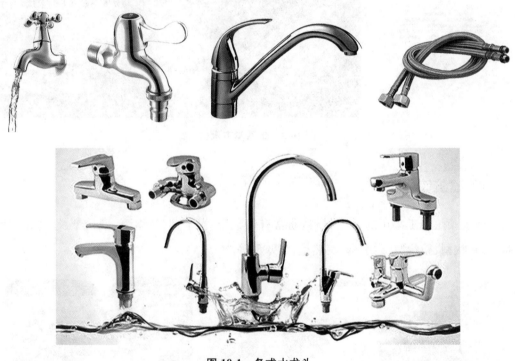

图 10-1　各式水龙头

二、水盆类下水口

水盆类下水口是存水容器底部必须安装的排水通道,通常要安装相应的下水堵,确保堵水严密、排水顺畅。

图 10-2　水盆类下水口

三、地漏类下水口

地漏类下水口是指卫生间等房间的地面必须安装的排水通道,通常还要安装相应的下水地漏,确保防臭严密、排水顺畅。

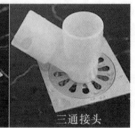

弯接头　　　　直接头　　　　三通接头

图 10-3　地漏类下水口

四、建筑胶

建筑胶是施工必用的黏合材料,通常有快干型、慢干型、热熔型、双份型、固态型、膏状型、水状型、粉状型、耐水型、耐热型、耐寒型等。

图 10-4　各种建筑胶

胶黏剂选用的注意事项有以下几个方面。

(1)胶黏剂操作施工空间要保持空气流通,排气扇必须齐全,严禁有明火。

（2）不能盲目地追求高强度，不能认为只要胶黏剂强度高就一定能粘牢，其实这是一种误解。

（3）不能只重视初始强度，更应考虑耐久性。

（4）高温固化的胶黏剂性能比室温固化要好，结构件、承力件应选择强度高、耐久性好的高温固化胶黏剂。

（5）除了应急或小面积修补外，最好不要选用室温快速固化胶黏剂。

（6）白乳胶和脲醛胶不能用于黏结金属。

（7）金属材料最好用环氧胶黏结，因为某些金属，如铜、铁对环氧胶固化有促进作用，能提高黏结强度。

（8）为了保证黏结的牢度，应根据被粘物体和胶黏剂的种类、性能，在配制和使用胶黏剂时，一定要对其黏度进行控制，否则会影响最终的黏结牢固度。

（9）黏度大的胶黏剂，其固体含量高，黏结力通常较强，但是，涂胶时不要过厚；黏结面涂胶量越均匀，黏结效果越好，因为大部分强力胶的机械强度都低于黏结面大小所能承受力。

五、建筑油漆

建筑油漆是施工必用的油性材料，通常分为醇酸漆、酚醛漆、聚酯漆、硝基漆、水性漆、结构漆、金属漆、喷漆等。其功能多种多样，有防水型、防火型、防锈型、防腐型、防晒型、高光型、亚光型、无光型、反光型、特滑型、皱纹型、锤纹型、皲裂型、耐磨型、抗裂型、透明型、石质型、隔热型、耐压型等。施工中遇到油漆偏稠的情况时，可添加微量的稀释剂进行稀释，稀释剂可以是水，也可以是化学溶剂。

1. 建筑油漆的施工规则

（1）使用煤油、汽油、松香水等易燃物调配时，应佩戴好防护用品，禁止吸烟。

（2）悬空高处作业时，应戴好安全帽，系好安全带。安全带应高挂低用。

（3）沾染油漆或稀剂类的棉纱、破布等物，应集中存放在金属箱内，待不能使用时集中销毁或用碱性溶液洗净以备再用。

（4）用钢丝刷、板锉或电动工具清除铁锈或铁鳞时，须戴好防护目镜；在涂刷红丹防锈漆和含铅颜料的油漆时，要注意防止铅中毒，操作时要戴口罩或防毒面具。

（5）刷涂耐酸、耐腐蚀的过氧乙烯涂料时，由于气味较大且有毒性，在刷涂时应戴好防毒口罩，每隔一小时到室外换气一次。工作场所应保持良好的通风。

图 10-5　各种建筑油漆

(6)使用天然漆时,要防止中毒。禁止用已沾漆的手触摸身体的其他部位。若不小心中毒,要用香樟木块泡开水冲洗患部,也可用韭菜在患部搓揉,及时就医。

(7)油漆窗户时,严禁站在或骑在窗户栏杆上操作,以防栏断人落。刷封沿板或水落管时,应利用建筑脚手架或专用脚手架进行。

(8)刷坡度大于 25°的铁皮层面时,应设置护栏杆和安全网。

(9)在涂刷作业时,如感到头痛、恶心、胸闷或心悸时,应立即停止作业,到户外换吸新鲜空气。

(10)夜间作业时,照明灯具应采用防爆灯具。涂刷大面积场地时,室内照明或电气设备必须按防爆等级的规定安装。

2. 建筑油漆的机械喷涂

(1)在室内或容器内喷涂,必须保持良好的通风(一般应尽量在露天进行)。作业区周围严禁有火种或明火作业。

(2)喷涂时如发现喷得不均匀,严禁对着喷嘴察看。一般情况下应在施工前用水试喷,无问题后再正式进行施工。

(3)喷涂对人体有害的油漆涂料时,应戴防毒口罩。如对眼睛有害,则须戴上封闭式护目镜。

(4)喷涂硝基漆和其他易挥发、易燃性溶剂的涂料时,不准使用明火,禁止吸烟。

(5)喷漆室或罐体应设有接地保护装置。

(6)在室内或容器内喷涂时,电气设备必须按防爆等级的规定安装。

(7)大面积喷涂时,电气设备必须按防爆等级规定安装。

(8)喷涂人员在作业施工中,如有头痛、恶心、胸闷、心悸等不适情况,应立即停止作业,尽快转移,离开施工位置,找到通风处换气。如仍感不适,应速去医院就诊。

附　录

附录一　物业行业、职业技术标准

1.《民用建筑电气设计规范》(JGJ/T 16—2016)

《民用建筑电气设计规范》(JGJ/T 16—2016)是一份针对民用建筑电气设计的行业规范,其目的是确保民用建筑电气设计的安全、有效和经济性。该规范由中华人民共和国住房和城乡建设部发布,并广泛应用于各类民用建筑的电气设计实践中。其涉及以下主要内容。

电气设计的基本原则:明确电气设计应遵循的安全、经济、实用、美观等基本原则,确保设计满足建筑的使用功能和安全要求。

电气负荷计算与设备选择:规定电气负荷的计算方法、设备选择原则以及设备的安装要求,确保电气系统的稳定运行和供电可靠性。

电气线路设计:明确电气线路的设计要求,包括导线的选型、敷设方式、保护措施等,以确保电气线路的安全、可靠和经济。

照明设计:规定照明设计的标准、照明设备的选择以及照明控制方式等,以创造舒适、节能的照明环境。

防雷与接地设计:明确防雷与接地设计的要求,包括防雷设施的设置、接地电阻的要求等,以确保建筑在雷电环境下的安全。

节能与环保设计:强调电气设计应考虑节能与环保要求,推广使用高效节能设备和绿色环保材料,降低能源消耗和环境污染。

电气设备的维护与管理:规定电气设备的维护与管理要求,包括设备的定期检查、维修、更换等,以确保电气设备的正常运行和使用寿命。

2.《低压配电设计规范》(GB 50054—2011)

这是由中华人民共和国住房和城乡建设部发布的一项国家标准,自 2012 年 6 月 1 日起实施。该规范是在原《低压配电装置及线路设计规范》(GB 50054—95)的基础上修订而成的,主要技术内容包括总则、术语、电气和导体的选择、配电设施的布置、电气装置的电击防护、配电线路的保护、配电线路的敷设等。其中,第 3.1.4,3.1.7,3.1.10,3.1.12,3.2.13,4.2.6,7.4.1 条为强制性条文,必须严格执行。该规范适用于新建、改建和扩建工程中的交流、工频 1000 伏及以下的低压配电设计,涵盖了低压配电系统中的各个方面,如电气安全、设备选择、线路敷设等,以确保低压配电系统的安全、可靠和经济性。

3.《安全防范工程技术规范》(GB 50348—2018)

该规范用于规范安全防范工程建设程序以及工程的设计、施工、监理、检验、验收、运行、维护和咨询服务。该规范自 2018 年 12 月 1 日起实施。该规范规定了安全防范工程的基本要求,从设计、施工现场把关、质量检查、检测检验及工程验收七个方面全面展开,确保安全防范工程的设计及施工均符合规范要求。同时,它也明确了安全防范工程设计的原则及设计规范,包括综合评价、方案选择、系统防范设计、系统设计模型等。

该规范的适用范围广泛,适用于任何类型和规模的安全防范工程,包括新建、改建和扩建的建(构)筑物的安全防范工程的建设以及系统运行与维护。

4.《环境空气质量标准》(GB 3095—2012)

《环境空气质量标准》(GB 3095—2012)是中国政府为了保护和改善环境,保障人体健康而制定的一项强制性标准。该标准规定了环境空气功能区分类、标准分级、污染物项目、平均时间及浓度限值、监测方法、数据统计的有效性规定及实施与监督等内容。

相较于之前的标准,该标准增加了污染物监测项目,加严了部分污染物限值,以客观反映我国环境空气质量状况,推动大气污染防治。该标准中将空气质量分为四类,从优到差分别为优、良、轻度污染和中度污染及以上。同时,该标准还规定了各种污染物的浓度限值,包括颗粒物、二氧化硫、二氧化氮、一氧化碳、臭氧、铅等。

该标准的实施,有助于中国环境和大气污染的防控,保护人们的健康和生存环境。该标准自 2016 年 1 月 1 日起在全国实施。

5.《声环境质量标准》(GB 3096—2008)

这是一项由中国政府制定的强制性国家标准,旨在规定声环境质量的要求,以防治噪声污染,保障城乡居民正常生活、工作和学习的声环境质量。该标准于 2008 年 10 月 1 日开始实施。

根据该标准,声环境功能区被分为五类,包括 0 类、1 类、2 类、3 类和 4 类声环境功能区,各类功能区对应不同的环境噪声限值。同时,该标准还规定了环境噪声的监测要求、声环境功能区的划分要求以及标准的实施要求等内容。

与之前的标准相比,该标准更加严格,特别是在城市区域和交通干线附近,限值降低明显。此外,该标准还增加了低频噪声的评价指标,对于低频噪声的控制也提出了要求。该标准的实施,有助于规范城市建设和交通规划,减少噪声污染,提高城乡居民的生活质量,同时,也为环保部门提供了更为明确和具体的监管依据,有利于加强噪声污染防治工作。

6.《建筑照明设计标准》(GB 50034—2013)

该标准用于规范建筑照明设计,确保建筑照明质量,促进节能减排,提高人民生活品质。该标准于 2014 年 6 月 1 日开始实施。

该标准规定了建筑照明设计的基本原则、照明标准值、照明质量、照明节能、照明配电及控制等方面的内容。其中,照明标准值根据不同的场所、用途和视觉要求等因素进行了分类和规定,为照明设计提供了具体的指导和依据。同时,该标准还强调了照明节能的重要性,规定了照明功率密度限值等指标,鼓励采用高效节能的照明产品和设计方案。

此外,该标准还规定了建筑照明设计的程序和要求,包括照明设计的前期准备、方案设计、初步设计、施工图设计等环节以及照明设计的审查和验收等内容。这些规定有助于规范建筑照明设计的过程,确保设计质量和效果。

7.《配电系统电气装置安装工程施工及验收规范》(DL/T 5759—2017)

《配电系统电气装置安装工程施工及验收规范》(DL/T 5759—2017)是一项由中国电力企业联合会制定并发布的技术标准,适用于 20 千伏及以下配电设备、线路和设施的施工及验收。该标准规定了配电系统电气装置安装工程施工的基本要求、施工工艺、质量标准和验收方法等内容,旨在确保配电系统电气装置安装工程的施工质量,保障设备安全运行。

该标准的主要内容包括总则、术语、施工准备、施工工艺、质量标准、验收等内容。其中,总则明确了标准的目的和适用范围,术语部分定义了与配电系统电气装置安装工程相关的专业术语,施工准备和施工工艺部分则详细规定了施工前的准备工作和具体的施工工艺要求,质量标准和验收部分则对施工质量和验收方法进行了明确的规定。该标准的实施对于规范配电系统电气装置安装工程的施工和验收过程,提高施工质量,保障设备安全运行具有重要意义。同时,也为施工单位和监理单位提供了明确的指导和依据,有利于加强施工管理和质量控制。

8.《安全防范工作程序与要求》(GA/T 75—1994)

《安全防范工作程序与要求》(GA/T 75—1994)是中华人民共和国公共安全行业标准,规定了安全防范工程从立项到验收的通用程序和管理要求。该标准适用于所有安全防范工程,包括报警、电视监控、通讯、出入口控制、防爆、安全检查等工程。

该标准的主要内容包括以下内容。

工程立项:包括一级、二级和三级工程立项的程序和要求,明确了立项前必须进行的可行性研究或设计任务书的编制,以及审批程序。

工程设计:规定了设计任务书的编制和审批程序,设计文件的内容和要求,以及设计的变更程序。

工程施工:明确了施工单位应具备的资质和条件,施工前的准备工作,施工过程中的质量控制和安全管理,以及工程变更的处理程序。

工程调试与检测:规定了工程调试和检测的程序和要求,包括调试和检测的内容、方法、标准和结果的处理等。

工程验收:明确了工程验收的程序和要求,包括验收的依据、内容、方法和标准,以及验收结果的处理和工程交付使用的条件。

该标准的实施有助于规范安全防范工程的建设过程,提高工程质量和安全性能,保障社会公共安全。同时,也为相关单位和人员提供了明确的指导和依据,有利于加强安全防范工程的管理和监督。

9.《民用建筑工程室内环境污染控制规范》(GB 50325—2010)

《民用建筑工程室内环境污染控制规范》(GB 50325—2010)是为了控制民用建筑工程室内环境污染而制定的一项强制性标准。以下是关于该规范的一些要点。

污染物种类增加:与之前的版本相比,这个版本增加了室内空气中的污染物种类。原先的污染物种类包括氡、甲醛、苯、氨和 TVOC,现在这个版本又增加了甲苯和二甲苯,使得室内空气污染物的种类增加到了 7 种。

浓度限值收紧：该规范中的大部分污染物浓度限值比之前的版本要严格，甚至有些污染物的浓度限值比《室内空气质量标准》(GB/T 18883—2002)还要严格。

特殊场所的严格要求：对于幼儿园、学校教室、学生宿舍等特殊场所，该规范提出了更加严格的污染控制要求。这些场所的室内装饰装修验收时，必须严格抽检室内空气中的污染物种类和数量。

检测点数调整：对于使用面积大于 1000 平方米的房间，该规范对室内污染物浓度检测点的设置进行了调整，使得检测更加科学和合理。

氡浓度检测方法的明确：与之前的版本相比，这个版本的规范明确了室内空气中氡浓度检测方法的选择要求，包括泵吸静电收集能谱分析法、泵吸闪烁室法、泵吸脉冲电离室法、活性炭盒-低本底多道 γ 谱仪法等。

总的来说，这个版本的《民用建筑工程室内环境污染控制规范》旨在更好地控制民用建筑工程的室内环境污染，保障人们的健康。同时，也为相关单位和人员提供了明确的指导和依据，有助于加强室内环境污染的控制和监督。

10.《环境监测质量管理技术导则》(HJ 630—2011)

《环境监测质量管理技术导则》(HJ 630—2011)是一项由中国政府制定的强制性标准，旨在规范环境监测的质量管理，保证环境监测数据的准确性和可靠性。该标准于 2011 年 9 月 8 日由生态环境部批准，并于 2011 年 11 月 1 日开始实施。

该标准规定了环境监测质量体系的基本要求，以及环境监测过程的质量保证与质量控制方法。它适用于各种环境监测活动，包括环境保护行政主管部门管理的环境监测工作，以及其他机构从事的环境监测活动。其中，环境监测质量体系的基本要求包括明确环境监测的目标和任务，建立科学、合理、适用的环境监测网络，制定和完善环境监测技术规范，加强环境监测人员的培训和管理，以及完善环境监测数据的质量保证和质量控制体系等。

同时，该标准还规定了环境监测过程的质量保证与质量控制方法，包括样品采集、运输、保存、处理和分析等各个环节的质量控制要求，以及数据处理和评价的质量保证要求。这些方法的应用有助于减少误差、提高数据的准确性和可靠性。

11.《温室控制系统设计规范》(JB/T 10306—2013)

《温室控制系统设计规范》(JB/T 10306—2013)是一份针对温室控制系统设计的行业标准，规定了温室控制系统设计的基本原则、控制的内容和精度、检验方法等方面的要求。该标准适用于温室控制系统、控制装置、导线和传感器等的设计和生产。

该标准的主要内容包括标准的适用范围、规范性引用文件、术语和定义、设计原则、控制内容和精度、检验方法等。其中,设计原则包括安全性、稳定性、可靠性、经济性、先进性、可操作性和可扩展性等方面。控制内容和精度则涉及温室内的温度、湿度、光照、二氧化碳浓度等环境参数的监测和控制,以及灌溉、通风、遮阳等设备的控制。

此外,该标准还规定了温室控制系统设计的检验方法,包括外观检查、功能检查、性能检查和安全检查等方面,以确保设计的质量和可靠性。

12.《智能建筑设计标准》(GB 50314—2015)

该标准自 2015 年 11 月 1 日起实施,旨在规范智能建筑工程设计,提高设计质量,适用于新建、扩建和改建的住宅、办公、旅馆、文化、博物馆、观演、会展、教育、金融、交通、医疗、体育、商店等民用建筑及通用工业建筑的智能化系统工程设计,以及多功能组合的综合体建筑智能化系统工程设计。

该标准的主要内容包括总则、术语、设计要素(包括智能化集成系统、信息设施系统、信息化应用系统、建筑设备管理系统、公共安全系统、机房工程、建筑环境等)、各类建筑(如办公建筑、商业建筑、文化建筑、媒体建筑、体育建筑、医院建筑、学校建筑、交通建筑、住宅建筑、通用工业建筑)的智能化系统配置等。

其中,公共安全系统是一个重要组成部分,包括火灾自动报警系统、安全技术防范系统和应急响应系统等,旨在确保建筑的安全性。对于住宅建筑、办公建筑、旅馆建筑等各类建筑,该标准也分别给出了智能化系统配置表,以指导设计人员进行具体的设计工作。

13.《智慧社区建设运营指南(2021)》

《智慧社区建设运营指南(2021)》是一份针对智慧社区建设和运营的指南,旨在推动智慧社区的持续健康发展,构建政府引导、政企合作、多方参与、专业运营合作的智慧社区可持续发展生态。

该指南对智慧社区建设运营的概念内涵、业务需求与建设要点、技术路线、建设运营模式、规范合规等进行了全面深入分析,提出了六大类十三条建设指引。该指南还结合典型案例,详细解读了智慧社区建设运营的关键要素和成功实践,为各地开展智慧社区建设提供了有益的参考和借鉴。

其中,智慧社区被定义为利用 5G、物联网、大数据、人工智能、区块链等新一代信息技术,以社区的智慧化、绿色化、人文化为导向,融合社区场景下的人、地、物、情、事、组织等多种要素,围绕社区居民的公共利益,促进社区居民交往互助,统筹公共管理、公共服务和商业服务等多样资源,提供面向政府、物业、居民和企业等多种主体的社区管理与服务类应用,提高社区管理与服务的科学化、智能化、精细化水平的一种社区管理和服务的创新模式。

此外,该指南还强调了智慧社区建设应以满足社区居民需求为出发点,注重实效性和可持续性,推动智慧社区从以建为主转向长效运营,实现智慧社区与数字经济的深度融合,为构建数字中国、智慧社会做出积极贡献。

附录二　物业管理条例

《物业管理条例》修订版

物业管理条例（2007 修订）

（国务院令第 504 号）

国务院关于修改《物业管理条例》的决定

根据有关规定,国务院决定对《物业管理条例》作如下修改。

一、将第十条第一款修改为:"同一个物业管理区域内的业主,应当在物业所在地的区、县人民政府房地产行政主管部门或者街道办事处、乡镇人民政府的指导下成立业主大会,并选举产生业主委员会。但是,只有一个业主的,或者业主人数较少且经全体业主一致同意,决定不成立业主大会的,由业主共同履行业主大会、业主委员会职责。"

删除第十条第二款。

二、将第十一条修改为:"下列事项由业主共同决定:

(一)制定和修改业主大会议事规则;

(二)制定和修改管理规约;

(三)选举业主委员会或者更换业主委员会成员;

(四)选聘和解聘物业服务企业;

(五)筹集和使用专项维修资金;

(六)改建、重建建筑物及其附属设施;

(七)有关共有和共同管理权利的其他重大事项。"

三、将第十二条修改为:"业主大会会议可以采用集体讨论的形式,也可以采用书面征求意见的形式;但是,应当有物业管理区域内专有部分占建筑物总面积过半数的业主且占总人数过半数的业主参加。

业主可以委托代理人参加业主大会会议。

业主大会决定本条例第十一条第(五)项和第(六)项规定的事项,应当经专有部分占建筑物总面积2/3以上的业主且占总人数2/3以上的业主同意;决定本条例第十一条规定的其他事项,应当经专有部分占建筑物总面积过半数的业主且占总人数过半数的业主同意。

业主大会或者业主委员会的决定,对业主具有约束力。

业主大会或者业主委员会作出的决定侵害业主合法权益的,受侵害的业主可以请求人民法院予以撤销。"

四、将第十九条第二款修改为:"业主大会、业主委员会作出的决定违反法律、法规的,物业所在地的区、县人民政府房地产行政主管部门或者街道办事处、乡镇人民政府,应当责令限期改正或者撤销其决定,并通告全体业主。"

此外,根据有关规定,将"物业管理企业"修改为"物业服务企业",将"业主公约"修改为"管理规约",将"业主临时公约"修改为"临时管理规约",并对个别条文的文字作了修改。

本决定自2007年10月1日起施行。

《物业管理条例》根据本决定作相应的修订,重新公布。

物业管理条例

(2003年6月8日中华人民共和国国务院令第379号公布,根据2007年8月26日《国务院关于修改〈物业管理条例〉的决定》修订。)

第一章　总　　则

第一条　为了规范物业管理活动,维护业主和物业服务企业的合法权益,改善人民群众的生活和工作环境,制定本条例。

第二条　本条例所称物业管理,是指业主通过选聘物业服务企业,由业主和物业服务企业按照物业服务合同约定,对房屋及配套的设施设备和相关场地进行维修、养护、管理,维护物业管理区域内的环境卫生和相关秩序的活动。

第三条　国家提倡业主通过公开、公平、公正的市场竞争机制选择物业服务企业。

第四条　国家鼓励采用新技术、新方法,依靠科技进步提高物业管理和服务水平。

第五条　国务院建设行政主管部门负责全国物业管理活动的监督管理工作。

县级以上地方人民政府房地产行政主管部门负责本行政区域内物业管理活动的监督管理工作。

第二章　业主及业主大会

第六条　房屋的所有权人为业主。

业主在物业管理活动中,享有下列权利:

(一)按照物业服务合同的约定,接受物业服务企业提供的服务;

(二)提议召开业主大会会议,并就物业管理的有关事项提出建议;

(三)提出制定和修改管理规约、业主大会议事规则的建议;

(四)参加业主大会会议,行使投票权;

(五)选举业主委员会成员,并享有被选举权;

(六)监督业主委员会的工作;

(七)监督物业服务企业履行物业服务合同;

(八)对物业共用部位、共用设施设备和相关场地使用情况享有知情权和监督权;

(九)监督物业共用部位、共用设施设备专项维修资金(以下简称专项维修资金)的管理和使用;

(十)法律、法规规定的其他权利。

第七条　业主在物业管理活动中,履行下列义务:

(一)遵守管理规约、业主大会议事规则;

(二)遵守物业管理区域内物业共用部位和共用设施设备的使用、公共秩序和环境卫生的维护等方面的规章制度;

(三)执行业主大会的决定和业主大会授权业主委员会作出的决定;

(四)按照国家有关规定交纳专项维修资金;

(五)按时交纳物业服务费用;

(六)法律、法规规定的其他义务。

第八条　物业管理区域内全体业主组成业主大会。

业主大会应当代表和维护物业管理区域内全体业主在物业管理活动中的合法权益。

第九条　一个物业管理区域成立一个业主大会。

物业管理区域的划分应当考虑物业的共用设施设备、建筑物规模、社区建设等因素。具体办法由省、自治区、直辖市制定。

第十条　同一个物业管理区域内的业主,应当在物业所在地的区、县人民政府房地产行政主管部门或者街道办事处、乡镇人民政府的指导下成立业主大会,并选举产生业主委员会。但是,只有一个业主的,或者业主人数较少且经全体业主一致同意,决定不成立业主大会的,由业主共同履行业主大会、业主委员会职责。

第十一条　下列事项由业主共同决定:

(一)制定和修改业主大会议事规则;

(二)制定和修改管理规约;

(三)选举业主委员会或者更换业主委员会成员;

(四)选聘和解聘物业服务企业;

(五)筹集和使用专项维修资金;

(六)改建、重建建筑物及其附属设施;

(七)有关共有和共同管理权利的其他重大事项。

第十二条　业主大会会议可以采用集体讨论的形式,也可以采用书面征求意见的形式;但是,应当有物业管理区域内专有部分占建筑物总面积过半数的业主且占总人数过半数的业主参加。

业主可以委托代理人参加业主大会会议。

业主大会决定本条例第十一条第(五)项和第(六)项规定的事项,应当经专有部分占建筑物总面积 2/3 以上的业主且占总人数 2/3 以上的业主同意;决定本条例第十一条规定的其他事项,应当经专有部分占建筑物总面积过半数的业主且占总人数过半数的业主同意。

业主大会或者业主委员会的决定,对业主具有约束力。

业主大会或者业主委员会作出的决定侵害业主合法权益的,受侵害的业主可以请求人民法院予以撤销。

第十三条　业主大会会议分为定期会议和临时会议。

业主大会定期会议应当按照业主大会议事规则的规定召开。经 20% 以上的业主提议,业主委员会应当组织召开业主大会临时会议。

第十四条　召开业主大会会议,应当于会议召开 15 日以前通知全体业主。

住宅小区的业主大会会议,应当同时告知相关的居民委员会。

业主委员会应当做好业主大会会议记录。

第十五条 业主委员会执行业主大会的决定事项,履行下列职责:

(一)召集业主大会会议,报告物业管理的实施情况;

(二)代表业主与业主大会选聘的物业服务企业签订物业服务合同;

(三)及时了解业主、物业使用人的意见和建议,监督和协助物业服务企业履行物业服务合同;

(四)监督管理规约的实施;

(五)业主大会赋予的其他职责。

第十六条 业主委员会应当自选举产生之日起 30 日内,向物业所在地的区、县人民政府房地产行政主管部门和街道办事处、乡镇人民政府备案。

业主委员会委员应当由热心公益事业、责任心强、具有一定组织能力的业主担任。

业主委员会主任、副主任在业主委员会成员中推选产生。

第十七条 管理规约应当对有关物业的使用、维护、管理,业主的共同利益,业主应当履行的义务,违反管理规约应当承担的责任等事项依法作出约定。

管理规约应当尊重社会公德,不得违反法律、法规或者损害社会公共利益。

管理规约对全体业主具有约束力。

第十八条 业主大会议事规则应当就业主大会的议事方式、表决程序、业主委员会的组成和成员任期等事项作出约定。

第十九条 业主大会、业主委员会应当依法履行职责,不得作出与物业管理无关的决定,不得从事与物业管理无关的活动。

业主大会、业主委员会作出的决定违反法律、法规的,物业所在地的区、县人民政府房地产行政主管部门或者街道办事处、乡镇人民政府,应当责令限期改正或者撤销其决定,并通告全体业主。

第二十条 业主大会、业主委员会应当配合公安机关,与居民委员会相互协作,共同做好维护物业管理区域内的社会治安等相关工作。

在物业管理区域内,业主大会、业主委员会应当积极配合相关居民委员会依法履行自治管理职责,支持居民委员会开展工作,并接受其指导和监督。

住宅小区的业主大会、业主委员会作出的决定,应当告知相关的居民委员会,并认真听取居民委员会的建议。

第三章　前期物业管理

第二十一条　在业主、业主大会选聘物业服务企业之前,建设单位选聘物业服务企业的,应当签订书面的前期物业服务合同。

第二十二条　建设单位应当在销售物业之前,制定临时管理规约,对有关物业的使用、维护、管理,业主的共同利益,业主应当履行的义务,违反临时管理规约应当承担的责任等事项依法作出约定。

建设单位制定的临时管理规约,不得侵害物业买受人的合法权益。

第二十三条　建设单位应当在物业销售前将临时管理规约向物业买受人明示,并予以说明。

物业买受人在与建设单位签订物业买卖合同时,应当对遵守临时管理规约予以书面承诺。

第二十四条　国家提倡建设单位按照房地产开发与物业管理相分离的原则,通过招投标的方式选聘具有相应资质的物业服务企业。

住宅物业的建设单位,应当通过招投标的方式选聘具有相应资质的物业服务企业;投标人少于3个或者住宅规模较小的,经物业所在地的区、县人民政府房地产行政主管部门批准,可以采用协议方式选聘具有相应资质的物业服务企业。

第二十五条　建设单位与物业买受人签订的买卖合同应当包含前期物业服务合同约定的内容。

第二十六条　前期物业服务合同可以约定期限;但是,期限未满、业主委员会与物业服务企业签订的物业服务合同生效的,前期物业服务合同终止。

第二十七条　业主依法享有的物业共用部位、共用设施设备的所有权或者使用权,建设单位不得擅自处分。

第二十八条　物业服务企业承接物业时,应当对物业共用部位、共用设施设备进行查验。

第二十九条　在办理物业承接验收手续时,建设单位应当向物业服务企业移交下列资料:

(一)竣工总平面图,单体建筑、结构、设备竣工图,配套设施、地下管网工程竣工图等竣工验收资料;

(二)设施设备的安装、使用和维护保养等技术资料;

（三）物业质量保修文件和物业使用说明文件；

（四）物业管理所必需的其他资料。

物业服务企业应当在前期物业服务合同终止时将上述资料移交给业主委员会。

第三十条　建设单位应当按照规定在物业管理区域内配置必要的物业管理用房。

第三十一条　建设单位应当按照国家规定的保修期限和保修范围，承担物业的保修责任。

第四章　物业管理服务

第三十二条　从事物业管理活动的企业应当具有独立的法人资格。

国家对从事物业管理活动的企业实行资质管理制度。具体办法由国务院建设行政主管部门制定。

第三十三条　从事物业管理的人员应当按照国家有关规定，取得职业资格证书。

第三十四条　一个物业管理区域由一个物业服务企业实施物业管理。

第三十五条　业主委员会应当与业主大会选聘的物业服务企业订立书面的物业服务合同。

物业服务合同应当对物业管理事项、服务质量、服务费用、双方的权利义务、专项维修资金的管理与使用、物业管理用房、合同期限、违约责任等内容进行约定。

第三十六条　物业服务企业应当按照物业服务合同的约定，提供相应的服务。

物业服务企业未能履行物业服务合同的约定，导致业主人身、财产安全受到损害的，应当依法承担相应的法律责任。

第三十七条　物业服务企业承接物业时，应当与业主委员会办理物业验收手续。

业主委员会应当向物业服务企业移交本条例第二十九条第一款规定的资料。

第三十八条　物业管理用房的所有权依法属于业主。未经业主大会同意，物业服务企业不得改变物业管理用房的用途。

第三十九条　物业服务合同终止时，物业服务企业应当将物业管理用房和本条例第二十九条第一款规定的资料交还给业主委员会。

物业服务合同终止时，业主大会选聘了新的物业服务企业的，物业服务企业之间应当做好交接工作。

第四十条　物业服务企业可以将物业管理区域内的专项服务业务委托给专业性服务企业，但不得将该区域内的全部物业管理一并委托给他人。

第四十一条 物业服务收费应当遵循合理、公开以及费用与服务水平相适应的原则,区别不同物业的性质和特点,由业主和物业服务企业按照国务院价格主管部门会同国务院建设行政主管部门制定的物业服务收费办法,在物业服务合同中约定。

第四十二条 业主应当根据物业服务合同的约定交纳物业服务费用。业主与物业使用人约定由物业使用人交纳物业服务费用的,从其约定,业主负连带交纳责任。

已竣工但尚未出售或者尚未交给物业买受人的物业,物业服务费用由建设单位交纳。

第四十三条 县级以上人民政府价格主管部门会同同级房地产行政主管部门,应当加强对物业服务收费的监督。

第四十四条 物业服务企业可以根据业主的委托提供物业服务合同约定以外的服务项目,服务报酬由双方约定。

第四十五条 物业管理区域内,供水、供电、供气、供热、通信、有线电视等单位应当向最终用户收取有关费用。

物业服务企业接受委托代收前款费用的,不得向业主收取手续费等额外费用。

第四十六条 对物业管理区域内违反有关治安、环保、物业装饰装修和使用等方面法律、法规规定的行为,物业服务企业应当制止,并及时向有关行政管理部门报告。

有关行政管理部门在接到物业服务企业的报告后,应当依法对违法行为予以制止或者依法处理。

第四十七条 物业服务企业应当协助做好物业管理区域内的安全防范工作。发生安全事故时,物业服务企业在采取应急措施的同时,应当及时向有关行政管理部门报告,协助做好救助工作。

物业服务企业雇请保安人员的,应当遵守国家有关规定。保安人员在维护物业管理区域内的公共秩序时,应当履行职责,不得侵害公民的合法权益。

第四十八条 物业使用人在物业管理活动中的权利义务由业主和物业使用人约定,但不得违反法律、法规和管理规约的有关规定。

物业使用人违反本条例和管理规约的规定,有关业主应当承担连带责任。

第四十九条 县级以上地方人民政府房地产行政主管部门应当及时处理业主、业主委员会、物业使用人和物业服务企业在物业管理活动中的投诉。

第五章　物业的使用与维护

第五十条　物业管理区域内按照规划建设的公共建筑和共用设施,不得改变用途。

业主依法确需改变公共建筑和共用设施用途的,应当在依法办理有关手续后告知物业服务企业;物业服务企业确需改变公共建筑和共用设施用途的,应当提请业主大会讨论决定同意后,由业主依法办理有关手续。

第五十一条　业主、物业服务企业不得擅自占用、挖掘物业管理区域内的道路、场地,损害业主的共同利益。

因维修物业或者公共利益,业主确需临时占用、挖掘道路、场地的,应当征得业主委员会和物业服务企业的同意;物业服务企业确需临时占用、挖掘道路、场地的,应当征得业主委员会的同意。

业主、物业服务企业应当将临时占用、挖掘的道路、场地,在约定期限内恢复原状。

第五十二条　供水、供电、供气、供热、通信、有线电视等单位,应当依法承担物业管理区域内相关管线和设施设备维修、养护的责任。

前款规定的单位因维修、养护等需要,临时占用、挖掘道路、场地的,应当及时恢复原状。

第五十三条　业主需要装饰装修房屋的,应当事先告知物业服务企业。

物业服务企业应当将房屋装饰装修中的禁止行为和注意事项告知业主。

第五十四条　住宅物业、住宅小区内的非住宅物业或者与单幢住宅楼结构相连的非住宅物业的业主,应当按照国家有关规定交纳专项维修资金。

专项维修资金属于业主所有,专项用于物业保修期满后物业共用部位、共用设施设备的维修和更新、改造,不得挪作他用。

专项维修资金收取、使用、管理的办法由国务院建设行政主管部门会同国务院财政部门制定。

第五十五条　利用物业共用部位、共用设施设备进行经营的,应当在征得相关业主、业主大会、物业服务企业的同意后,按照规定办理有关手续。业主所得收益应当主要用于补充专项维修资金,也可以按照业主大会的决定使用。

第五十六条　物业存在安全隐患,危及公共利益及他人合法权益时,责任人应当及时维修养护,有关业主应当给予配合。

责任人不履行维修养护义务的,经业主大会同意,可以由物业服务企业维修养护,费用由责任人承担。

第六章 法律责任

第五十七条 违反本条例的规定,住宅物业的建设单位未通过招投标的方式选聘物业服务企业或者未经批准,擅自采用协议方式选聘物业服务企业的,由县级以上地方人民政府房地产行政主管部门责令限期改正,给予警告,可以并处 10 万元以下的罚款。

第五十八条 违反本条例的规定,建设单位擅自处分属于业主的物业共用部位、共用设施设备的所有权或者使用权的,由县级以上地方人民政府房地产行政主管部门处 5 万元以上 20 万元以下的罚款;给业主造成损失的,依法承担赔偿责任。

第五十九条 违反本条例的规定,不移交有关资料的,由县级以上地方人民政府房地产行政主管部门责令限期改正;逾期仍不移交有关资料的,对建设单位、物业服务企业予以通报,处 1 万元以上 10 万元以下的罚款。

第六十条 违反本条例的规定,未取得资质证书从事物业管理的,由县级以上地方人民政府房地产行政主管部门没收违法所得,并处 5 万元以上 20 万元以下的罚款;给业主造成损失的,依法承担赔偿责任。

以欺骗手段取得资质证书的,依照本条第一款规定处罚,并由颁发资质证书的部门吊销资质证书。

第六十一条 违反本条例的规定,物业服务企业聘用未取得物业管理职业资格证书的人员从事物业管理活动的,由县级以上地方人民政府房地产行政主管部门责令停止违法行为,处 5 万元以上 20 万元以下的罚款;给业主造成损失的,依法承担赔偿责任。

第六十二条 违反本条例的规定,物业服务企业将一个物业管理区域内的全部物业管理一并委托给他人的,由县级以上地方人民政府房地产行政主管部门责令限期改正,处委托合同价款 30% 以上 50% 以下的罚款;情节严重的,由颁发资质证书的部门吊销资质证书。委托所得收益,用于物业管理区域内物业共用部位、共用设施设备的维修、养护,剩余部分按照业主大会的决定使用;给业主造成损失的,依法承担赔偿责任。

第六十三条 违反本条例的规定,挪用专项维修资金的,由县级以上地方人民政府房地产行政主管部门追回挪用的专项维修资金,给予警告,没收违法所得,可以并处挪用数额 2 倍以下的罚款;物业服务企业挪用专项维修资金,情节严重的,并由颁发资质证书的部门吊销资质证书;构成犯罪的,依法追究直接负责的主管人员和其他直接责任人员的刑事责任。

第六十四条　违反本条例的规定,建设单位在物业管理区域内不按照规定配置必要的物业管理用房的,由县级以上地方人民政府房地产行政主管部门责令限期改正,给予警告,没收违法所得,并处 10 万元以上 50 万元以下的罚款。

第六十五条　违反本条例的规定,未经业主大会同意,物业服务企业擅自改变物业管理用房的用途的,由县级以上地方人民政府房地产行政主管部门责令限期改正,给予警告,并处 1 万元以上 10 万元以下的罚款;有收益的,所得收益用于物业管理区域内物业共用部位、共用设施设备的维修、养护,剩余部分按照业主大会的决定使用。

第六十六条　违反本条例的规定,有下列行为之一的,由县级以上地方人民政府房地产行政主管部门责令限期改正,给予警告,并按照本条第二款的规定处以罚款;所得收益,用于物业管理区域内物业共用部位、共用设施设备的维修、养护,剩余部分按照业主大会的决定使用:

(一)擅自改变物业管理区域内按照规划建设的公共建筑和共用设施用途的;

(二)擅自占用、挖掘物业管理区域内道路、场地,损害业主共同利益的;

(三)擅自利用物业共用部位、共用设施设备进行经营的。

个人有前款规定行为之一的,处 1000 元以上 1 万元以下的罚款;单位有前款规定行为之一的,处 5 万元以上 20 万元以下的罚款。

第六十七条　违反物业服务合同约定,业主逾期不交纳物业服务费用的,业主委员会应当督促其限期交纳;逾期仍不交纳的,物业服务企业可以向人民法院起诉。

第六十八条　业主以业主大会或者业主委员会的名义,从事违反法律、法规的活动,构成犯罪的,依法追究刑事责任;尚不构成犯罪的,依法给予治安管理处罚。

第六十九条　违反本条例的规定,国务院建设行政主管部门、县级以上地方人民政府房地产行政主管部门或者其他有关行政管理部门的工作人员利用职务上的便利,收受他人财物或者其他好处,不依法履行监督管理职责,或者发现违法行为不予查处,构成犯罪的,依法追究刑事责任;尚不构成犯罪的,依法给予行政处分。

第七章　附　　则

第七十条　本条例自 2003 年 9 月 1 日起施行。

附录三 山东省物业管理条例

《山东省物业管理条例》修正版

山东省物业管理条例

（2009年1月8日山东省第十一届人民代表大会常务委员会第八次会议通过,根据2018年9月21日山东省第十三届人民代表大会常务委员会第五次会议《关于修改〈山东省民用建筑节能条例〉等十件地方性法规的决定》修订。）

目 录

第一章　总　　则

第一条　为了规范物业管理活动,维护业主、物业使用人、物业服务企业、其他管理人的合法权益,改善人民群众的居住和工作环境,促进和谐社区建设,根据《物业管理条例》等法律、行政法规,结合本省实际,制定本条例。

第二条　本条例所称物业管理,是指业主通过自治管理,选聘物业服务企业或者其他管理人,按照物业服务合同约定,对物业进行维修、养护、管理,维护物业管理区域内的环境卫生及相关秩序的活动。

第三条　本条例适用于本省行政区域内物业的管理、使用、维护、服务及监督管理活动。

第四条　物业管理应当坚持以人为本,实行业主自治与专业服务、社区管理相结合的原则。

第五条　省人民政府建设行政主管部门负责全省物业管理活动的监督管理工作。

设区的市、县(市、区)人民政府房地产管理部门或者建设行政主管部门(以下统称物业主管部门),负责本行政区域内物业管理活动的监督管理工作。

城管执法、房地产开发、财政、民政、价格、公安、城乡规划、市政公用、环境保护、工商行政管理等有关部门按照各自职责,做好与物业管理有关的工作。

第六条　街道办事处、乡(镇)人民政府负责组织、指导本辖区业主大会成立和业主委员会换届工作,监督业主大会和业主委员会依法履行职责,调解处理物业管理纠纷。

社区居民委员会负责指导、监督业主大会、业主委员会依法开展业主自治管理,协助街道办事处、乡(镇)人民政府开展社区管理、社区服务中与物业管理有关的工作。

第七条　县级以上人民政府应当制定扶持政策,采取措施,推动住宅区、商业区、工矿区及机关、学校、医院等实行社会化、专业化、市场化的物业服务,促进物业服务行业发展。

鼓励采用节能、环保的新技术、新方法,依靠科技进步提高物业管理和服务水平。

第二章　新建物业与前期物业管理

第一节　物业管理区域

第八条　物业管理区域的划分,应当以建设用地规划许可证确定的红线图范围为基础,并考虑建筑物规模、共用设施设备、社区建设等因素。

分期开发建设或者两个以上建设单位开发建设的物业,其配套设施设备是共用的,应当划定为一个物业管理区域;配套设施设备能够分割并独立使用的,可以划定为不同的物业管理区域。

第九条　建设单位办理商品房预售许可证或者商品房现售备案前,应当持房地产项目开发经营权证明、建设用地规划许可证、建设用地使用权证书、项目规划设计方案和地名核准文件等资料,向物业主管部门申请划分物业管理区域。

物业主管部门应当自受理申请之日起二十日内,在征求街道办事处、乡(镇)人民政府、房地产开发主管部门等单位的意见后进行划分登记,并告知建设单位。建设单位应当将划定的物业管理区域向物业买受人明示。

第十条　物业管理区域划定后,确需调整的,由物业主管部门按照本条例的规定重新进行划分登记,但应当经相关物业管理区域内已入住面积且已入住户数的比例达到百分之五十以上的业主同意。

第二节　配套建筑与设施设备

第十一条　物业管理区域内的各类配套建筑与设施设备,应当严格按照国家和省有关住宅小区规划、设计规范和工程标准进行建设。

物业管理区域内的配套建筑应当依法办理权属登记手续,不得擅自改变用途。

第十二条　物业服务用房的配置应当符合下列规定:

(一)建筑面积按照建设工程项目总建筑面积的千分之三至千分之五配置,最少不低于一百平方米;

(二)具备水、电、采光、通风等正常使用功能。

业主委员会办公用房从物业服务用房中调剂,其建筑面积不低于二十平方米。

物业服务用房由建设单位无偿提供,属于全体业主共有。

第十三条　住宅小区内城管执法、治安管理等政务管理用房的建筑面积不低于五十平方米;住宅小区内的社区居民委员会用房,应当按照规划要求进行配套建设。

住宅小区内按照规划配套建设的政务管理用房、社区居民委员会用房和承担义务教育的中小学校,属于政府所有,建设投资由政府承担,具体投资来源应当在项目建设条件意见书中载明。

第十四条　按照规划要求在住宅小区内配套建设的会所、幼儿园的归属,应当在商品房买卖合同中约定。约定属于建设单位所有的,建设单位应当提供产权归其所有的证明文件,并优先为业主提供服务。

第十五条　物业管理区域内规划用于停放汽车的车库(包括专用车库和共用车库内的车位,下同)的归属,由建设单位与物业买受人在商品房买卖合同中约定属于建设单位所有或者相关业主共有。约定属于建设单位所有的,建设单位应当提供产权归其所有的证明文件,并可以附赠、出售或者出租给业主。

占用业主共有的道路或者其他场地用于停放汽车的车位,属于全体业主共有,建设单位不得销售。

第十六条　住宅小区内的专业经营设施设备,由专业经营单位负责投资建设、维护和管理。专业经营设施设备的施工,应当严格执行招投标法律、法规。建设单位应当协调配合专业经营设施设备的施工,并承担相关管沟、设备用房等土建工程的配套建设。

住宅小区内供水、供电、供气、供热分户计量装置或者入户端口以外设施设备的各类建设资金,统一并入城市基础设施配套费(含综合开发费),并根据公用事业价格改革和调整情况逐步核减,交由专业经营单位专项用于住宅小区内专业经营设施设备的投资建设。住宅小区内专业经营设施设备归专业经营单位所有。具体办法由省建设行政主管部门会同有关部门制定,城市基础设施配套费的收取标准由设区的市人民政府合理确定。

专业经营设施设备包括变电、二次供水、换热、燃气调压等设施设备及相关管线和计量装置。

第十七条　本条例实施前建设的住宅小区内专业经营设施设备,由业主大会决定移交给专业经营单位,专业经营单位应当接收。具体办法由设区的市人民政府制定。

第十八条　专业经营单位应当依法履行专业经营设施设备的维修养护责任,按照与业主签订的服务合同服务到最终用户,保证服务质量。

各级人民政府和有关主管部门应当加强对专业经营单位的监督管理,督促专业经营单位履行投资、建设和维护管理义务。

第十九条　物业管理区域内封闭运行的太阳能热水、中水处理、直饮水、地源热泵、区域锅炉等设施设备,属于相关业主共有,但由经营单位投资经营的除外。

第二十条　城乡规划、建设行政主管部门在进行建设工程规划审批和设计审查时,应当就住宅小区配套建筑及设施设备的配置、专业经营设施设备的建设标准征求房地产开发、物业管理等部门和专业经营单位的意见。

第三节　前期物业管理与物业交付

第二十一条　住宅物业的建设单位应当依法通过招标的方式选聘前期物业服务企业,鼓励非住宅物业通过招标方式选聘前期物业服务企业。

招标人应当在发布招标公告或者发出投标邀请书十日前,持招标公告或者投标邀请书、招标文件等有关资料,向物业主管部门备案。

第二十二条　鼓励前期物业服务企业提前介入项目的开发建设,对项目的规划设计方案、配套设施建设、工程质量控制、设备运行管理等事项,提出与物业管理有关的建议。

建设单位组织单位工程竣工验收和分户验收时,应当通知前期物业服务企业参与监督。

第二十三条　建设单位在申请办理商品房预售许可证或者商品房现售备案前,应当将前期物业服务合同、临时管理规约、住宅小区配套建筑和设施设备的清单及其产权归属等资料报物业主管部门备案,并在商品房销售时将上述资料作为商品房买卖合同约定的内容。

前期物业服务合同应当对物业服务内容、服务标准、收费标准、收费方式及收费起始时间、合同终止情形等内容进行约定;涉及物业买受人共同利益的,其约定应当一致。

第二十四条 新建住宅小区的配套建筑及设施设备符合下列条件后,建设单位方可办理物业交付手续:

(一)生活用水纳入城市公共供水管网,并安装分户计量装置;

(二)雨水、污水排放纳入城市雨水、污水排放系统;

(三)小区用电纳入城市供电网络,并安装分户计量装置;

(四)在城市管道燃气、集中供热主管网覆盖的区域,完成住宅室内、室外燃气、供热管道的敷设且与相应管网连接,并安装燃气分户计量装置和供热分户控制装置;

(五)电话通信线、有线电视线和宽带数据传输信息端口敷设到户,安全监控装置及其他安全防范设施设备、信报箱等按规划设计要求配置到位;

(六)按照规划要求完成消防供水、消防自动报警装置、消防车通道等共用消防设施建设;

(七)小区道路与城市道路或者公路之间有直达的道路相连;

(八)按照规划要求完成教育、文化、卫生、体育、邮政、环境卫生、商业网点、物业服务和政务管理等配套建筑及设施建设;

(九)按照规划要求完成绿化建设及车库、车位的配置;

(十)住宅小区分期建设的,已建成的住宅周边场地与施工工地之间设置有效的隔离设施;

(十一)法律、法规规定的其他条件。

建设单位应当组织有关部门及专业经营单位按照前款规定,对住宅小区进行综合验收,接受房地产开发、城乡规划、物业管理等有关部门的监管,并向房地产开发主管部门办理综合验收备案手续。

第二十五条 建设单位应当自住宅小区综合验收合格之日起三十日内,与相关专业经营单位办理专业经营设施设备接收管理手续,并协助物业买受人与相关专业经营单位分别签订供水、供电、供气、供热等服务合同。

第二十六条 建设单位交付住宅物业时,应当向业主提供住宅质量保证书、住宅使用说明书等资料。

前期物业服务企业应当向业主提供物业服务手册,并可以接受建设单位的委托,协助建设单位办理住宅物业交付的有关具体事宜。

第二十七条 建设单位应当在物业主管部门、街道办事处、乡(镇)人民政府的监督下,按规定向前期物业服务企业移交物业服务用房和下列资料:

(一)竣工总平面图,单体建筑、结构、设备竣工图,配套设施、地下管网工程竣工图、分户验收等竣工验收资料；

（二）设施设备的安装、使用和维护保养等技术资料；

（三）物业质量保修文件和物业使用说明文件；

（四）业主名册；

（五）物业管理必需的其他资料。

前期物业服务企业应当在前期物业服务合同终止时，将物业服务用房及有关资料移交给业主委员会。

鼓励建设单位为其开发的住宅小区的物业管理，提供部分经营用房或者给予资金支持。

第三章　业主大会与业主委员会

第一节　业主大会筹备组

第二十八条　房屋的所有权人为业主。

建设单位或者前期物业服务企业应当将业主入住情况及时报告物业主管部门和街道办事处、乡（镇）人民政府。

符合下列条件之一的，应当召开首次业主大会会议：

（一）业主已入住面积的比例达到百分之五十以上；

（二）业主已入住户数的比例达到百分之五十以上；

（三）自首位业主入住之日起满两年且已入住户数的比例达到百分之二十五以上。

第二十九条　符合首次业主大会会议召开条件的，街道办事处、乡（镇）人民政府应当在三十日内组建业主大会筹备组。

筹备组由七人以上单数组成，由建设单位、前期物业服务企业、业主和街道办事处、乡（镇）人民政府、社区居民委员会等派员组成，其中业主所占比例不得低于筹备组总人数的二分之一。

筹备组应当自成立之日起十日内，将其成员名单和工作职责在物业管理区域内进行书面公告。

第三十条　筹备组履行下列职责：

（一）确定首次业主大会会议召开的时间、地点和内容；

（二）草拟管理规约、业主大会议事规则、业主委员会工作规则；

（三）确认业主身份，确定业主在首次业主大会会议上的投票权数；

（四）提出首届业主委员会委员候选人条件、名单和选举办法；

（五）召开首次业主大会会议的其他准备工作。

对前款规定的内容，筹备组应当在首次业主大会会议召开十五日前，在物业管理区域内公告，并书面通知全体业主。业主对业主身份和投票权数等提出异议的，筹备组应当予以复核并告知异议人复核结果。

筹备组应当自成立之日起六十日内组织召开首次业主大会会议。

第二节　业主大会

第三十一条　一个物业管理区域成立一个业主大会。

物业管理区域内业主人数较少且经全体业主一致同意决定不成立业主大会的，由全体业主共同履行业主大会职责。

第三十二条　业主大会履行下列职责：

（一）制定和修改业主大会议事规则及管理规约；

（二）选举业主委员会或者更换业主委员会成员；

（三）监督业主委员会工作，听取业主委员会的工作报告，改变或者撤销业主委员会不适当的决定；

（四）选聘、解聘物业服务企业；

（五）筹集和使用共用部位、共用设施设备专项维修资金（以下简称专项维修资金）；

（六）决定改建、重建建筑物及其附属设施；

（七）决定物业管理区域内的其他物业管理事项。

第三十三条　业主大会对业主投票权的计算有约定的，从其约定。未作约定的，按照下列规定确定：

（一）按照业主户数计算的，一户计算为一票；建设单位未售出的专有部分，计算为一票；

（二）按照建筑面积计算的，每一平方米建筑面积计算为一票；建筑面积不足一平方米的按一票计算。

业主身份以及建筑面积的确认，以不动产登记簿或者其他能够证明其权属的合法有效文件为依据。

第三十四条　业主大会会议可以采用集体讨论的形式，也可以采用书面征求意见的形式。采用书面征求意见形式的，应当将征求意见书送交每一位业主；无法送达的，应当在物业管理区域内公告。

不参加投票业主的投票权数是否计入已表决的多数票数,由管理规约或者临时管理规约规定。

第三十五条　物业管理区域内业主人数较多的,可以以幢、单元、楼层为单位,推选业主代表参加业主大会会议。业主代表参加业主大会会议前,应当事先书面征求其所代表的业主意见,并将经业主本人签字的书面意见在业主大会会议上如实反映。

第三十六条　业主大会会议由业主委员会负责召集,每年至少召开一次。

有下列情形之一的,业主委员会应当召集业主大会临时会议:

(一)有百分之二十以上业主提议的;

(二)发生重大事故或者紧急事件需要及时处理的;

(三)业主大会议事规则或者管理规约规定的其他情形。

业主委员会不履行召集义务的,经业主申请,由街道办事处、乡(镇)人民政府负责组织业主召开业主大会。

第三节　业主委员会

第三十七条　业主委员会是业主大会的执行机构,业主委员会依照国家有关法律、法规和业主大会的授权开展活动。

业主委员会履行下列职责:

(一)召集并主持业主大会会议,报告物业管理的实施情况;

(二)代表业主与业主大会选聘的物业服务企业签订物业服务合同;

(三)执行业主大会的决议、决定;

(四)及时了解业主、物业使用人的意见和建议,督促业主按时交纳物业服务费,监督和协助物业服务企业履行物业服务合同;

(五)监督管理规约的实施;

(六)业主大会赋予的其他职责。

第三十八条　业主委员会由业主大会会议选举产生,由三人以上单数组成。业主委员会委员应当由物业管理区域内的业主担任,每届任期不超过五年,可连选连任。

业主委员会应当自选举产生之日起三日内召开首次会议,在业主委员会委员中推选主任、副主任和执行委员,主任、副主任可以兼任执行委员。

执行委员负责业主委员会的日常事务工作,经推荐可以依照法定程序进入所在地社区居民委员会任职。

第三十九条　业主委员会应当自选举产生之日起三十日内,持下列资料向物业主管部门和街道办事处、乡(镇)人民政府备案:

（一）业主大会会议决议；

（二）业主大会议事规则；

（三）管理规约；

（四）业主委员会委员名单和基本情况；

（五）法律、法规规定的其他资料。

物业主管部门应当自收到前款规定资料之日起十日内，对符合条件的发给业主委员会备案证明，并出具业主委员会刻制印章证明。业主委员会应当依法刻制、使用、管理印章和开立账户。

业主大会议事规则、管理规约、业主委员会委员发生变更的，业主委员会应当自变更之日起三十日内书面告知物业主管部门和街道办事处、乡（镇）人民政府。

第四十条　业主委员会应当按照业主大会的决定及议事规则召开会议。

业主委员会会议由主任或者执行委员负责召集，可以邀请社区居民委员会派人参加会议。

业主委员会会议应当有三分之二以上委员出席，作出决定时应当经全体委员过半数同意。

业主委员会应当自业主大会、业主委员会作出决定之日起三日内，将业主大会、业主委员会的决定以书面形式在物业管理区域内公告。

业主可以查阅业主委员会会议资料，并有权就涉及自身利益的事项向业主委员会提出询问，业主委员会应当予以答复。

第四十一条　业主委员会任期届满六十日前，应当召开业主大会会议进行换届选举。

业主委员会应当及时将业主委员会印章、档案资料以及属于全体业主的财物等移交给新一届业主委员会；不及时移交的，街道办事处、乡（镇）人民政府应当协调督促其移交。

第四十二条　业主委员会委员有下列情形之一的，由业主大会或者业主委员会根据业主大会的授权，决定是否终止其委员资格：

（一）以书面方式向业主大会提出辞职请求的；

（二）拒不履行委员职责的；

（三）业主委员会过半数委员或者百分之二十以上业主提议撤销其委员资格的；

（四）违章搭建建筑物和构筑物、拒付物业服务费以及有其他违反管理规约和侵害业主合法权益行为的；

（五）因其他原因不适合继续担任业主委员会委员的。

第四十三条　业主大会与业主委员会的活动经费及执行委员、委员的报酬，从业主共有部分的收益中提取或者由全体业主承担，具体办法与标准由业主大会决定。

第四章　物业的使用与业主自治管理

第一节　一般规定

第四十四条　业主或者物业使用人使用物业应当遵守有关法律、法规和管理规约、临时管理规约的规定,不得有下列行为:

(一)损坏房屋承重结构等违反房屋装饰装修规定的行为;

(二)违章搭建建筑物和构筑物、私开门窗等违反规划规定的行为;

(三)侵占、损坏楼道、绿地等物业共用部位、共用设施设备等违反物业管理规定的行为;

(四)擅自改变房屋用途等违反房屋管理规定的行为;

(五)随意倾倒垃圾、杂物等违反市容环境卫生规定的行为;

(六)堆放易燃、易爆、剧毒、放射性物品,排放有毒、有害物质或者超过规定标准的噪声等违反环境保护规定的行为;

(七)占用消防通道等违反消防管理规定的行为;

(八)赌博、利用迷信活动危害社会、饲养动物干扰他人正常生活等违反治安管理规定的行为;

(九)法律、法规和管理规约、临时管理规约禁止的其他行为。

物业服务企业、业主委员会发现有前款规定行为的,应当予以劝阻、制止,并报告有关部门。

第四十五条　业主或者物业使用人封闭阳台以及安装空调外机、太阳能热水器、防盗网、遮阳罩等设施的,应当遵守管理规约、临时管理规约和物业管理的有关规定,保持物业的整洁、美观。

业主利用屋面安装太阳能热水器等设施的,不得破坏屋面,影响房屋安全,物业顶层的业主和物业服务企业应当予以配合。

业主应当按照垃圾分类收集的有关规定倾倒垃圾。

第四十六条　业主出租房屋的,应当告知业主委员会和物业服务企业。

业主不得违反法律、法规和管理规约、临时管理规约,将住宅、车库或者其他附属设施改变为经营性用房。业主因特殊情况需要将住宅、车库或者其他附属设施改变为经营性用房的,应当向业主委员会或者社区居民委员会提出书面申请,并经有利害关系的业主同意后,方可依法向有关部门办理相关手续。

第二节　住宅物业的装饰装修

第四十七条　业主或者物业使用人在住宅装饰装修工程开工前,应当持有关资料向物业服务企业办理登记手续;按照规定需要报有关部门批准的,应当依法办理批准手续。

业主拒不办理登记、批准手续的,物业服务企业有权按照管理规约或者临时管理规约,禁止装饰装修施工人员进入物业管理区域。

第四十八条　业主或者物业使用人应当与物业服务企业签订住宅装饰装修服务协议。

住宅装饰装修服务协议应当包括下列内容:

(一)装饰装修工程的实施内容和实施期限;

(二)允许施工的时间;

(三)废弃物的清运与处置;

(四)住宅外立面设施及防盗设施的安装要求;

(五)禁止行为和注意事项;

(六)装修保证金的收取和退还;

(七)违约责任;

(八)其他需要约定的事项。

第四十九条　业主或者物业使用人在住宅装饰装修工程开工前,应当告知相邻业主。物业服务企业对住宅装饰装修活动进行巡查时,业主不得拒绝和阻碍。

第三节　车库与车位的使用

第五十条　车库应当优先满足业主、物业使用人停车需要。业主、物业使用人要求承租车库的,建设单位不得以只售不租为由拒绝,车库租赁费的标准按照有关部门发布的指导价格确定。在满足业主、物业使用人需要后,建设单位将车库出租给物业管理区域外的单位和个人的,其每次租赁合同期限最长不得超过六个月。

物业管理区域内规划用于停放汽车的车库应当优先投入使用;车库尚未充分利用的,不得在物业管理区域内占用业主共有的道路或者其他场地设置规划以外的车位。

第五十一条　占用物业管理区域内业主共有的道路或者其他场地停放汽车的,应当交纳车位场地使用费,收费标准由业主大会综合考虑车库租赁费的价格等因素确定。车位场地使用费属于全体业主共有。

第五十二条　鼓励建设单位或者其他投资人在住宅小区规划条件允许,并经业主大会和城乡规划主管部门同意的情况下,建设、经营车库和立体停车设施,满足业主停车需求。

利用地下空间建设、经营车库的,县级以上人民政府应当在容积率的认定等方面给予优惠。

第五十三条　业主需要在物业管理区域内停放汽车的,应当事先与物业服务企业商定停车位置,不得擅自占用道路或者其他场地。

业主对汽车有看管要求的,应当与物业服务企业另行约定。

第四节　业主自治管理

第五十四条　业主在物业管理活动中,享有下列权利:

(一)按照物业服务合同的约定,接受物业服务企业提供的服务;

(二)提议召开业主大会会议,并就物业管理的有关事项提出建议;

(三)提出制定和修改管理规约、临时管理规约、业主大会议事规则的建议;

(四)参加业主大会会议,行使投票权;

(五)选举业主委员会成员,并享有被选举权;

(六)监督业主委员会的工作;

(七)监督物业服务企业履行物业服务合同;

(八)对物业共用部位、共用设施设备使用情况享有知情权和监督权;

(九)监督专项维修资金的管理和使用;

(十)法律、法规规定的其他权利。

第五十五条　业主在物业管理活动中,履行下列义务:

(一)遵守管理规约、临时管理规约、业主大会议事规则;

(二)遵守物业管理区域内物业共用部位、共用设施设备的使用、公共秩序和环境卫生的维护等方面的规章制度;

(三)执行业主大会的决定和业主大会授权业主委员会作出的决定;

(四)按照国家有关规定交纳专项维修资金;

(五)按时交纳物业服务费;

(六)法律、法规规定的其他义务。

第五十六条　管理规约、临时管理规约应当对物业的使用、管理、业主公共利益、业主的权利义务、物业服务费的收交方式、违反规定应当承担的责任等事项作出规定。

管理规约、临时管理规约对全体业主及物业使用人具有约束力。对拒不交纳物业服务费的业主,由业主委员会督促其交纳,并可以在物业管理区域内的显著位置予以公示。

第五十七条　提倡业主委员会直接向业主收取物业服务费,并按照合同约定将物业服务费支付给物业服务企业;业主委员会直接向业主收取物业服务费的,物业服务企业应当予以协助。

业主对物业共有部分使用所产生收益的分配,由业主大会决定;未作决定的,主要用于补充专项维修资金,也可以作为业主委员会、业主大会的活动经费或者折抵物业服务费。

第五十八条　业主委员会应当定期在物业管理区域内的显著位置书面公告专项维修资金的筹集使用及共有部分收益的账目等情况;业主委员会直接向业主收取物业服务费或者采用酬金制收费方式的,还应当将物业服务费的收支情况予以公告。

第五章　物业服务企业

第一节　物业服务企业

第五十九条　物业服务企业应当具有相应的专业工程技术人员,具备为业主提供专项服务的能力。

第六十条　物业服务企业可以聘请专业服务单位承担设施设备维修养护、清洁卫生、园林绿化、房屋修缮、秩序维护等专项服务,但不得将物业管理区域内的全部物业管理一并委托给其他单位或者个人。

第六十一条　物业主管部门应当加强对物业服务企业的监督管理,开展物业服务企业信用评价,促进物业服务企业提高服务水平。

物业服务企业应当向物业主管部门定期报送信用档案信息、统计报表等相关资料。

第六十二条　物业服务企业的合法权益受法律保护。任何单位和个人不得强制物业服务企业代收有关费用和提供无偿服务。

第二节　行业自律

第六十三条　物业服务企业应当在物业主管部门的指导下,建立行业自律组织,规范行业行为,促进诚信经营,提高物业服务水平,维护物业服务企业的合法权益。

第六十四条　物业行业自律组织可以依照国家和省有关规定,制定物业服务规范和等级标准,建立和完善物业服务企业以及物业服务从业人员的自律制度,配合物业主管部门建立健全信用档案。

第六章　物业服务

第一节　物业服务内容与合同

第六十五条　物业服务内容主要包括下列事项：

（一）物业共用部位及共用设施设备的使用、管理和维护；

（二）公共绿化的维护；

（三）公共区域环境卫生的维护；

（四）公共区域的秩序维护、安全防范等事项的协助管理服务；

（五）物业使用中对禁止行为的告知、劝阻、报告等义务；

（六）物业维修、更新、改造费用的账务管理；

（七）物业服务档案和物业档案的保管；

（八）其他物业管理事项。

第六十六条　业主委员会经业主大会授权，与通过招投标或者协议方式选聘的物业服务企业或者其他管理人签订物业服务合同。

物业服务合同应当对物业服务内容、服务标准、收费标准、物业服务用房、专项维修资金的管理与使用、合同期限以及双方的权利义务、违约责任等内容进行约定。

物业服务合同应当对物业服务企业在有关业主、物业使用人人身、财产安全防范方面的义务和责任作出约定。

物业服务合同签订后，业主有权进行查询。

物业服务企业应当自签订物业服务合同之日起十日内，向物业主管部门备案。

第六十七条　解除或者终止物业服务合同，应当依据合同履行必要的通知义务；合同未约定通知期限的，应当提前六十日通知。

物业服务合同解除或者终止后，物业服务企业应当与业主委员会按照法律规定和合同约定办理退出手续，并履行下列交接义务：

（一）移交保管的物业档案、物业服务档案；

（二）提供物业服务期间形成的有关物业及设施设备改造、维修、运行、保养的有关资料；

（三）移交物业服务用房；

（四）清算预收、代收的有关费用；

（五）法律、法规规定的其他事项。

物业服务企业未依据合同履行通知义务并办理退出交接手续的，不得擅自撤离物业管理区域或者停止物业服务。

第二节　物业服务收费

第六十八条　物业服务收费实行政府指导价和市场调节价。实行政府指导价的具体范围由《山东省定价目录》确定。

实行政府指导价的，价格主管部门应当会同物业主管部门，根据住宅物业种类、服务内容、服务等级和物价指数变动情况等，制定相应的基准价和浮动幅度，并每年向社会公布。具体收费标准由业主与物业服务企业根据基准价和浮动幅度在物业服务合同中约定。

物业服务企业为业主或者物业使用人提供物业服务合同约定以外的专项服务的，其收费标准可以另行约定。

第六十九条　物业服务费可以采取包干制或者酬金制等方式，具体收费方式由物业服务合同约定。实行酬金制收费方式的，物业服务企业应当按照规定对物业服务的各项资金的收支建立台账，并接受业主委员会的核查。

第七十条　已竣工尚未出售或者尚未交付的物业，物业服务费由建设单位承担。已交付的物业，物业服务费由业主承担，建设单位与业主另有约定的除外。

物业交付后长期空置的，其物业服务费收费标准应当在物业服务合同中约定。

第七十一条　物业服务企业违反规定及物业服务合同，擅自扩大收费范围、提高收费标准、重复收费的，业主委员会或者业主有权拒绝。

物业服务企业依约履行义务的，业主应当按时交纳物业服务费，不得以放弃共有权利为由拒绝交纳。物业产权转移时，业主应当结清物业服务费。

第七十二条　专业经营单位应当按照与业主签订的服务合同，向最终用户收取费用。

物业服务企业接受专业经营单位委托代收费用的，不得向业主收取手续费等额外费用，但可以根据约定向专业经营单位收取报酬。

专业经营单位不得强制物业服务企业代收费用，不得因物业服务企业拒绝代收有关费用而停止向最终用户提供服务。

第七章　物业的维护

第一节　建设单位的保修责任

第七十三条　建设单位应当建立健全物业售后维修服务体系,按照国家和省有关规定的保修期限、范围,承担物业的保修责任。

建设单位可以将物业保修的有关事宜委托物业服务企业承担,并签订委托合同,向物业服务企业支付相应的报酬。

第二节　专有部分的维护

第七十四条　物业保修期届满后,业主专有部分的养护、维修,由业主负责。

业主专有部分出现危害安全、影响观瞻、妨碍公共利益及其他影响物业正常使用情形时,业主或者物业使用人应当及时养护、维修,相邻物业业主应当提供便利。

第七十五条　业主长期空置物业时,应当告知物业服务企业,并与物业服务企业就专有部分的养护、维修、管理等事项进行协商,采取措施防止漏水、漏气等事故的发生。

第三节　共用部位及共用设施设备的维护

第七十六条　物业保修期届满后,物业管理区域内共用部位及共用设施设备的维护和管理责任,由业主共同承担;业主可以将其委托给物业服务企业承担。

共用部位主要包括住宅的基础、承重墙体、柱、梁、楼板、屋顶以及户外的墙面、门厅、楼梯间、走廊通道等;共用设施设备主要包括电梯、天线、照明、消防设施、绿地、道路、路灯、沟渠、池、井、公益性文体设施和共用设施设备使用的房屋等。

电梯、区域锅炉等属于业主共有的特种设备,由物业服务企业或者业主根据物业服务合同约定,按照特种设备管理法律、法规的有关规定,委托专业服务单位负责维护、保养。

第七十七条　住宅物业和住宅小区内的非住宅物业的业主,应当在入住前将首期专项维修资金存入专项维修资金专户。专项维修资金的交存、使用、管理,按照国家和省有关规定执行。

其他非住宅物业参照住宅物业交纳专项维修资金。

第四节　专业经营设施设备的维护

第七十八条　住宅小区内供水、供电、供气、供热、通信、有线电视、宽带数据传输等专业经营单位,应当承担分户计量装置或者入户端口以外设施设备的维修、养护、更新等责任及相关费用。

专业经营单位对专业经营设施设备进行维修、养护、更新时,业主应当予以配合。

第七十九条　专业经营单位可以将专业经营设施设备的维护、保养等事宜委托给物业服务企业承担,物业服务企业可以按照委托合同向专业经营单位收取报酬。

专业经营设施设备的维护、保养等费用,不得从专项维修资金中列支。

第八章　社区物业管理与旧住宅区物业管理

第一节　社区物业管理

第八十条　街道办事处、乡(镇)人民政府的社区管理机构,具体指导、协调物业管理的有关工作。

第八十一条　物业管理、城管执法、公安、城乡规划、环境保护等部门应当建立违法行为投诉登记制度,并在物业管理区域公布联系人姓名和联系方式,对违法行为及时作出处理。

第八十二条　实行物业管理联席会议制度。

物业管理联席会议由街道办事处、乡(镇)人民政府负责召集,由社区居民委员会、公安派出所、物业服务企业、业主委员会或者业主代表、专业经营单位和城管执法、物业管理等部门参加。

联席会议主要协调下列事项:

(一)业主委员会和有关部门不依法履行职责的情况;

(二)物业服务企业在履行退出程序以及交接工作中出现的问题;

(三)物业管理区域内发生的突发事件;

(四)物业管理与社区管理的衔接和配合;

(五)需要协调的其他物业管理事项。

第八十三条　业主、业主大会、业主委员会、物业服务企业、专业经营单位、建设单位之间因物业管理发生争议的,应当自行协商解决;协商不成的,可以向社区居民委员会或者联席会议申请调解,也可以申请仲裁或者依法向人民法院起诉。

第八十四条　有关部门、单位在物业管理区域内开展文化教育、医疗卫生、体育健身、计划生育等社区服务活动以及突发事件应急知识的宣传普及和应急演练活动,业主、业主委员会、物业服务企业和专业经营单位应当给予协助、配合。

第二节　旧住宅区物业管理

第八十五条　设区的市、县（市、区）人民政府对已建成交付使用，但配套设施不齐全、环境质量较差的旧住宅区，应当采取措施进行改造整治，并将改造整治规划和年度计划向社会公布。

旧住宅区的范围，由设区的市、县（市、区）人民政府划定。

旧住宅区内的道路、照明、绿地及社区服务、文化体育、安全防范、物业服务用房等配套建筑及设施设备改造建设资金，由政府承担；开发项目设施不配套等遗留问题由原建设单位投资解决；供水、供电、供气、供热、通信、有线电视、宽带数据传输等专业经营设施设备改造应当达到分户计量、分户控制条件，其建设支出由相关专业经营单位承担；业主专有部分的设施设备改造支出，由业主承担。设区的市、县（市、区）人民政府对投资责任另有规定的，从其规定。

第八十六条　旧住宅区改造整治中，经有利害关系的业主同意，在规划许可的情况下，可以按照有关规定建设物业服务用房和一定比例的经营性用房。经营性用房可用于出租经营，经营收益作为旧住宅区维护管理费用的补充资金，由业主大会监督使用。

改造整治前由相关部门、单位承担的环卫绿化、市政设施养护等费用，改造整治后仍由其给予补助。

第八十七条　旧住宅区改造整治完成后，街道办事处、乡（镇）人民政府应当组织业主成立业主大会，由业主大会决定选聘物业服务企业或者其他管理人管理物业。业主大会成立前的物业管理，由社区居民委员会组织实施。

第八十八条　未建立专项维修资金制度的旧住宅区，业主应当按照国家和省有关规定交纳专项维修资金；物业服务企业可以根据物业服务合同约定，代业主归集专项维修资金。有车位场地使用费等共有部分收益的，主要用于补充专项维修资金。

第九章　法律责任

第八十九条　违反本条例规定的行为，法律、法规已作出处罚规定的，按照其规定执行；法律、法规未作出处罚规定的，按照本条例的规定执行。

第九十条　违反本条例规定，有下列行为之一的，由物业主管部门予以处罚：

（一）物业服务企业未按照规定报送信用档案信息、统计报表等相关资料的，责令限

期改正;逾期未改正的,处以三千元以上一万元以下的罚款;

(二)物业服务企业擅自撤离物业管理区域、停止物业服务或者未办理退出手续、履行相应义务的,处以五万元以下的罚款。

第九十一条 违反本条例规定,专业经营单位无正当理由拒绝、拖延投资建设或者接收专业经营设施设备的,由设区的市、县(市、区)人民政府责令限期改正。影响房屋交付使用、业主正常生活或者造成人身、财产损害的,专业经营单位应当承担相应的赔偿责任。

第九十二条 业主或者物业使用人违反本条例第四十四条、第四十五条规定的,由物业主管部门或者其他有关部门给予警告,责令限期改正;逾期未改正的,处以两千元以上一万元以下的罚款。给其他业主造成损失的,应当依法承担民事责任。

第九十三条 业主大会、业委员会作出的决定违反法律、法规的,物业主管部门或者街道办事处、乡(镇)人民政府,应当责令限期改正或者撤销其决定,并通告全体业主。

第九十四条 物业主管部门、街道办事处、乡(镇)人民政府和其他有关部门的工作人员在物业管理工作中,有下列行为之一的,依法给予处分;构成犯罪的,依法追究刑事责任:

(一)在进行建设工程规划审批和设计审查时,未就住宅小区配套建筑及设施设备的配置、专业经营设施设备的建设标准征求房地产开发、物业管理等部门和专业经营单位意见的;

(二)未按照本条例规定对住宅小区综合验收、交接进行监管的;

(三)未按照本条例规定筹备、组织召开业主大会会议的;

(四)挪用专项维修资金的;

(五)未按照本条例规定召集或者参加物业管理联席会议的;

(六)发现违法行为或者接到违法行为报告、投诉不及时作出处理的;

(七)其他滥用职权、玩忽职守、徇私舞弊的行为。

第十章 附 则

第九十五条 业主自行管理物业的,参照本条例的有关规定执行。

第九十六条 本条例自 2009 年 5 月 1 日起施行。

附录四　国家住宅室内装饰装修管理办法

住宅室内装饰装修管理办法

第一章　总　　则

第一条　为加强住宅室内装饰装修管理,保证装饰装修工程质量和安全,维护公共安全和公众利益,根据有关法律、法规,制定本办法。

第二条　在城市从事住宅室内装饰装修活动,实施对住宅室内装饰装修活动的监督管理,应当遵守本办法。

本办法所称住宅室内装饰装修,是指住宅竣工验收合格后,业主或者住宅使用人(以下简称装修人)对住宅室内进行装饰装修的建筑活动。

第三条　住宅室内装饰装修应当保证工程质量和安全,符合工程建设强制性标准。

第四条　国务院建设行政主管部门负责全国住宅室内装饰装修活动的管理工作。

省、自治区人民政府建设行政主管部门负责本行政区域内的住宅室内装饰装修活动的管理工作。

直辖市、市、县人民政府房地产行政主管部门负责本行政区域内的住宅室内装饰装修活动的管理工作。

第二章　一般规定

第五条　住宅室内装饰装修活动,禁止下列行为:

(一)未经原设计单位或者具有相应资质等级的设计单位提出设计方案,变动建筑主体和承重结构;

(二)将没有防水要求的房间或者阳台改为卫生间、厨房间;

(三)扩大承重墙上原有的门窗尺寸,拆除连接阳台的砖、混凝土墙体;

(四)损坏房屋原有节能设施,降低节能效果;

(五)其他影响建筑结构和使用安全的行为。

本办法所称建筑主体,是指建筑实体的结构构造,包括屋盖、楼盖、梁、柱、支撑、墙体、连接接点和基础等。

本办法所称承重结构,是指直接将本身自重与各种外加作用力系统地传递给基础地基的主要结构构件和其连接接点,包括承重墙体、立杆、柱、框架柱、支墩、楼板、梁、屋架、悬索等。

第六条　装修人从事住宅室内装饰装修活动,未经批准,不得有下列行为:

(一)搭建建筑物、构筑物;

(二)改变住宅外立面,在非承重外墙上开门、窗;

(三)拆改供暖管道和设施;

(四)拆改燃气管道和设施。

本条所列第(一)项、第(二)项行为,应当经城市规划行政主管部门批准;第(三)项行为,应当经供暖管理单位批准;第(四)项行为,应当经燃气管理单位批准。

第七条　住宅室内装饰装修超过设计标准或者规范增加楼面荷载的,应当经原设计单位或者具有相应资质等级的设计单位提出设计方案。

第八条　改动卫生间、厨房间防水层的,应当按照防水标准制订施工方案,并做闭水试验。

第九条　装修人经原设计单位或者具有相应资质等级的设计单位提出设计方案变动建筑主体和承重结构的,或者装修活动涉及本办法第六条、第七条、第八条内容的,必须委托具有相应资质的装饰装修企业承担。

第十条　装饰装修企业必须按照工程建设强制性标准和其他技术标准施工,不得偷工减料,确保装饰装修工程质量。

第十一条　装饰装修企业从事住宅室内装饰装修活动,应当遵守施工安全操作规程,按照规定采取必要的安全防护和消防措施,不得擅自动用明火和进行焊接作业,保证作业人员和周围住房及财产的安全。

第十二条　装修人和装饰装修企业从事住宅室内装饰装修活动,不得侵占公共空间,不得损害公共部位和设施。

第三章　开工申报与监督

第十三条　装修人在住宅室内装饰装修工程开工前,应当向物业管理企业或者房屋管理机构(以下简称物业管理单位)申报登记。

非业主的住宅使用人对住宅室内进行装饰装修,应当取得业主的书面同意。

第十四条　申报登记应当提交下列材料:

(一)房屋所有权证(或者证明其合法权益的有效凭证);

(二)申请人身份证件;

(三)装饰装修方案;

(四)变动建筑主体或者承重结构的,需提交原设计单位或者具有相应资质等级的设计单位提出的设计方案;

(五)涉及本办法第六条行为的,需提交有关部门的批准文件,涉及本办法第七条、第八条行为的,需提交设计方案或者施工方案;

(六)委托装饰装修企业施工的,需提供该企业相关资质证书的复印件。

非业主的住宅使用人,还需提供业主同意装饰装修的书面证明。

第十五条　物业管理单位应当将住宅室内装饰装修工程的禁止行为和注意事项告知装修人和装修人委托的装饰装修企业。

装修人对住宅进行装饰装修前,应当告知邻里。

第十六条　装修人,或者装修人和装饰装修企业,应当与物业管理单位签订住宅室内装饰装修管理服务协议。

住宅室内装饰装修管理服务协议应当包括下列内容:

(一)装饰装修工程的实施内容;

(二)装饰装修工程的实施期限;

(三)允许施工的时间;

(四)废弃物的清运与处置;

(五)住宅外立面设施及防盗窗的安装要求;

(六)禁止行为和注意事项;

(七)管理服务费用;

(八)违约责任;

(九)其他需要约定的事项。

第十七条　物业管理单位应当按照住宅室内装饰装修管理服务协议实施管理,发现装修人或者装饰装修企业有本办法第五条行为的,或者未经有关部门批准实施本办法第六条所列行为的,或者有违反本办法第七条、第八条、第九条规定行为的,应当立即制止;已造成事实后果或者拒不改正的,应当及时报告有关部门依法处理。对装修人或者装饰装修企业违反住宅室内装饰装修管理服务协议的,追究违约责任。

第十八条　有关部门接到物业管理单位关于装修人或者装饰装修企业有违反本办

法行为的报告后,应当及时到现场检查核实,依法处理。

第十九条 禁止物业管理单位向装修人指派装饰装修企业或者强行推销装饰装修材料。

第二十条 装修人不得拒绝和阻碍物业管理单位依据住宅室内装饰装修管理服务协议的约定,对住宅室内装饰装修活动的监督检查。

第二十一条 任何单位和个人对住宅室内装饰装修中出现的影响公众利益的质量事故、质量缺陷以及其他影响周围住户正常生活的行为,都有权检举、控告、投诉。

第四章 委托与承接

第二十二条 承接住宅室内装饰装修工程的装饰装修企业,必须经建设行政主管部门资质审查,取得相应的建筑业企业资质证书,并在其资质等级许可的范围内承揽工程。

第二十三条 装修人委托企业承接其装饰装修工程的,应当选择具有相应资质等级的装饰装修企业。

第二十四条 装修人与装饰装修企业应当签订住宅室内装饰装修书面合同,明确双方的权利和义务。

住宅室内装饰装修合同应当包括下列主要内容:

(一)委托人和被委托人的姓名或者单位名称、住所地址、联系电话;

(二)住宅室内装饰装修的房屋间数、建筑面积,装饰装修的项目、方式、规格、质量要求以及质量验收方式;

(三)装饰装修工程的开工、竣工时间;

(四)装饰装修工程保修的内容、期限;

(五)装饰装修工程价格,计价和支付方式、时间;

(六)合同变更和解除的条件;

(七)违约责任及解决纠纷的途径;

(八)合同的生效时间;

(九)双方认为需要明确的其他条款。

第二十五条 住宅室内装饰装修工程发生纠纷的,可以协商或者调解解决。不愿协商、调解或者协商、调解不成的,可以依法申请仲裁或者向人民法院起诉。

第五章　室内环境质量

第二十六条　装饰装修企业从事住宅室内装饰装修活动,应当严格遵守规定的装饰装修施工时间,降低施工噪声,减少环境污染。

第二十七条　住宅室内装饰装修过程中所形成的各种固体、可燃液体等废物,应当按照规定的位置、方式和时间堆放和清运。严禁违反规定将各种固体、可燃液体等废物堆放于住宅垃圾道、楼道或者其他地方。

第二十八条　住宅室内装饰装修工程使用的材料和设备必须符合国家标准,有质量检验合格证明和有中文标识的产品名称、规格、型号、生产厂厂名、厂址等。禁止使用国家明令淘汰的建筑装饰装修材料和设备。

第二十九条　装修人委托企业对住宅室内进行装饰装修的,装饰装修工程竣工后,空气质量应当符合国家有关标准。装修人可以委托有资格的检测单位对空气质量进行检测。检测不合格的,装饰装修企业应当返工,并由责任人承担相应损失。

第六章　竣工验收与保修

第三十条　住宅室内装饰装修工程竣工后,装修人应当按照工程设计合同约定和相应的质量标准进行验收。验收合格后,装饰装修企业应当出具住宅室内装饰装修质量保修书。

物业管理单位应当按照装饰装修管理服务协议进行现场检查,对违反法律、法规和装饰装修管理服务协议的,应当要求装修人和装饰装修企业纠正,并将检查记录存档。

第三十一条　住宅室内装饰装修工程竣工后,装饰装修企业负责采购装饰装修材料及设备的,应当向业主提交说明书、保修单和环保说明书。

第三十二条　在正常使用条件下,住宅室内装饰装修工程的最低保修期限为二年,有防水要求的厨房、卫生间和外墙面的防渗漏保修期限为五年。保修期自住宅室内装饰装修工程竣工验收合格之日起计算。

第七章　法律责任

第三十三条　因住宅室内装饰装修活动造成相邻住宅的管道堵塞、渗漏水、停水停电、物品毁坏等,装修人应当负责修复和赔偿;属于装饰装修企业责任的,装修人可以向装饰装修企业追偿。

装修人擅自拆改供暖、燃气管道和设施造成损失的,由装修人负责赔偿。

第三十四条　装修人因住宅室内装饰装修活动侵占公共空间,对公共部位和设施造成损害的,由城市房地产行政主管部门责令改正,造成损失的,依法承担赔偿责任。

第三十五条　装修人未申报登记进行住宅室内装饰装修活动的,由城市房地产行政主管部门责令改正,处五百元以上一千元以下的罚款。

第三十六条　装修人违反本办法规定,将住宅室内装饰装修工程委托给不具有相应资质等级企业的,由城市房地产行政主管部门责令改正,处五百元以上一千元以下的罚款。

第三十七条　装饰装修企业自行采购或者向装修人推荐使用不符合国家标准的装饰装修材料,造成空气污染超标的,由城市房地产行政主管部门责令改正,造成损失的,依法承担赔偿责任。

第三十八条　住宅室内装饰装修活动有下列行为之一的,由城市房地产行政主管部门责令改正,并处罚款:

(一)将没有防水要求的房间或者阳台改为卫生间、厨房间的,或者拆除连接阳台的砖、混凝土墙体的,对装修人处五百元以上一千元以下的罚款,对装饰装修企业处一千元以上一万元以下的罚款;

(二)损坏房屋原有节能设施或者降低节能效果的,对装饰装修企业处一千元以上五千元以下的罚款;

(三)擅自拆改供暖、燃气管道和设施的,对装修人处五百元以上一千元以下的罚款;

(四)未经原设计单位或者具有相应资质等级的设计单位提出设计方案,擅自超过设计标准或者规范增加楼面荷载的,对装修人处五百元以上一千元以下的罚款,对装饰装修企业处一千元以上一万元以下的罚款。

第三十九条　未经城市规划行政主管部门批准,在住宅室内装饰装修活动中搭建建筑物、构筑物的,或者擅自改变住宅外立面、在非承重外墙上开门、窗的,由城市规划行政主管部门按照《城市规划法》及相关法规的规定处罚。

第四十条　装修人或者装饰装修企业违反《建设工程质量管理条例》的,由建设行政主管部门按照有关规定处罚。

第四十一条　装饰装修企业违反国家有关安全生产规定和安全生产技术规程,不按照规定采取必要的安全防护和消防措施,擅自动用明火作业和进行焊接作业的,或者对建筑安全事故隐患不采取措施予以消除的,由建设行政主管部门责令改正,并处一千元以上一万元以下的罚款;情节严重的,责令停业整顿,并处一万元以上三万元以下的罚款;造成重大安全事故的,降低资质等级或者吊销资质证书。

第四十二条　物业管理单位发现装修人或者装饰装修企业有违反本办法规定的行为不及时向有关部门报告的,由房地产行政主管部门给予警告,可处装饰装修管理服务协议约定的装饰装修管理服务费 2 至 3 倍的罚款。

第四十三条　有关部门的工作人员接到物业管理单位对装修人或者装饰装修企业违法行为的报告后,未及时处理,玩忽职守的,依法给予行政处分。

第八章　附　　则

第四十四条　工程投资额在 30 万元以下或者建筑面积在 300 平方米以下,可以不申请办理施工许可证的非住宅装饰装修活动参照本办法执行。

第四十五条　住宅竣工验收合格前的装饰装修工程管理,按照《建设工程质量管理条例》执行。

第四十六条　省、自治区、直辖市人民政府建设行政主管部门可以依据本办法,制定实施细则。

第四十七条　本办法由国务院建设行政主管部门负责解释。

第四十八条　本办法自 2002 年 5 月 1 日起施行。

附录五　　青岛市住宅小区物业管理实施细则

青岛市住宅小区物业管理实施细则

第一章　总　　则

第一条　根据《青岛市住宅小区物业管理试行办法》(以下简称《办法》),制定本细则。

第二条　《办法》所称物业管理,是指物业管理单位对住宅小区实行的专业化统一管理和综合性服务。包括对房屋建筑及其设备、市政公用设施、绿地等维护与修缮和环境卫生、交通、治安保卫、环境容貌等管理和服务活动。

第三条　本市行政区域内的建筑面积在 5 万平方米以上的新建城市住宅小区、建筑面积在 2 万平方米以上的旧城改造区（片）住宅小区（以下简称住宅小区），应实行物业管理。

《办法》发布前，已入住居民、暂不具备条件的住宅小区，应搞好规划，创造条件，并在市政府规定的期限内逐步实行物业管理。

公寓、商住楼、写字楼、办公楼、别墅区及建筑面积在 2 万平方米以下的居住组团等，亦应创造条件，实行物业管理。

第四条 物业管理纳入住宅小区建设规划。住宅小区建设可行性研究报告应载明实行物业管理的意向。

第五条 青岛市城乡建设行政主管部门是本市住宅小区物业管理的行政主管部门（以下简称市物业主管部门），下设市物业管理办公室（以下简称市物业管理部门），按规定的权限分工，负责物业管理的具体行政管理工作。

市和各县级市（含黄岛区、崂山区、城阳区，下同）物业管理部门的职责：

（一）贯彻执行有关住宅小区物业管理的法律、法规、规章，制定住宅小区物业管理发展规划；

（二）负责本辖区物业管理单位的资质审核管理工作；

（三）对住宅小区物业管理招标、招聘工作进行监督和管理；

（四）负责组织辖区内住宅小区综合验收和交接工作。

（五）按权限分工负责住宅小区管理基金的管理和使用。

市南区、市北区、李沧区（以下简称三区）物业管理部门的职责：

（一）负责本辖区物业管理单位的资质初审管理工作；

（二）参与本辖区内住宅小区的竣工验收和交接工作；

（三）参与本辖区内住宅小区物业管理的招标、招聘工作的监督和管理；

（四）负责本辖区内住宅小区物业管理承包合同、委托管理合同的登记备案工作；

（五）协调本辖区内有关管理部门与住宅小区管委会、物业管理单位的工作关系。

第六条 房管、市政、园林、环卫、公用事业、公安、交通、工商、物价等行政主管部门，按照职责权限分工，负责对住宅小区委托物业管理单位管理事项进行监督与指导。

第二章 管委会

第七条 住宅小区交付使用且入住率达到 50％以上时，县级市、区物业管理部门应会同开发建设单位和县级市、区人民政府指定的街道办事处，召集首次房屋所有人和使用人(以下称业主)代表大会,选举产生住宅小区管理委员会(以下简称管委会)。

管委会委员数额,根据住宅小区规模大小确定,一般为 11 至 15 人,设主任 1 人(由当地人民政府指定的街道办事处主任或副主任兼任),副主任 2 人(由业主代表中产生)。

管委会每届任期为 3 年,管委会委员可连选连任。管委会委员在任职期间如有变动,应召开业主代表大会及时补选。

管委会下设办公室,聘请工作人员 1 至 3 人,负责处理日常工作,其费用由物业管理单位负担。

第八条 管委会为社团法人组织,依法登记备案,取得社团法人资格。

第九条 管委会全体会议应每季度召开一次。经管委会主任提议或有三分之一以上委员建议,可随时召开会议。涉及本住宅小区物业管理的重大事项,由管委会过半数以上组成人员实行无记名投票表决制度。决定事项,必须达到三分之二以上多数通过。

住宅小区业主代表大会应每年召开一次,由管委会组织并报告工作。

第十条 管委会通过招标、招聘等形式确定本住宅小区的物业管理单位并与其签订《住宅小区管理承包合同》。《住宅小区管理承包合同》应报市和县级市、区物业管理部门备案。

《住宅小区管理承包合同》应包括管理项目、管理内容、管理费用、双方权利和义务、管理与服务质量、合同期限、违约责任等内容。

《住宅小区管理承包合同》期限一般不超过 3 年,到期可续签或重新签订。

第三章 物业管理单位

第十一条 实行物业管理的住宅小区,由物业管理单位实行专业化统一管理和综合性服务。

物业管理单位是具备相应资质条件的企业法人。

第十二条 物业管理单位成立应当具备下列条件:

(一)有明确的章程和固定的办公地点;

(二)有独立健全的组织管理机构,以及与其管理相适应的专业、技术和管理人员 5 人以上;

(三)有自有流动资金 10 万元以上,注册资金不低于 10 万元。

第十三条 申请物业管理单位资质应当提交下列证明文件:

(一)资质申请表;

（二）主管部门的批准成立文件；

（三）企业法定代表人和专业、技术、管理人员的职称证件；

（四）资信证明；

（五）当地物业管理部门的初审意见。

第十四条 物业管理单位必须持有市物业主管部门颁发的物业管理资质证书，并向工商行政管理部门领取营业执照后，方可从事住宅小区物业管理业务。

外地和境外物业管理单位进入本市从事物业管理业务的，须经市物业主管部门审查登记。

未按规定办理手续从事住宅小区物业管理业务的，应在本细则发布后一个月内申请补办手续。

第十五条 住宅小区开发建设单位应在业主入住前 6 个月，向市或县级市物业管理部门申请自行或委托物业管理单位对住宅小区实行前期管理。管理费用由开发建设单位自行承担，也可向市或县级市物业管理部门申请借用部分住宅小区管理基金。

在同等条件下，住宅小区原开发建设单位，具有物业管理的优先承包权。

第十六条 开发建设单位自行或委托物业管理单位对住宅小区实行前期管理期间，应接受业主及有关部门的监督。

第十七条 住宅小区经竣工综合验收合格交付使用后，开发建设单位应按《办法》第十条的规定向负责接收的管委会提供完整的档案资料。

第十八条 分期验收的住宅小区，开发建设单位应在居民入住前 6 个月，按规定向物业管理部门申请自行或委托物业管理单位实行前期管理的同时提出分期验收的申请。分期验收合格，其房屋及配套设施具备基本使用功能和符合实行物业管理规定条件的，可入住业主。

分期验收中，对按规则要求应配套建设的设施未全部建成的，应明确期限，逐步完善。

第十九条 边建设边移交的住宅小区委托物业管理时，开发建设单位应先将住宅小区内已配套建成的管理用房或商业网点用房交物业管理单位使用，待管委会成立后再正式办理有关移交手续。

第二十条 住宅小区内经工程质量验收合格的房屋自入住之日起，其开发建设单位应向物业管理单位一次性支付该房屋建筑总面积每平方米 3 元的保修金，1 年内由物业管理单位负责养护修缮，并由双方签订《住宅小区房屋回修与保修合同》。

第四章　业　　主

第二十一条　入住住宅小区的业主须遵守以下规定：

（一）不得擅自改变房屋的使用性质、结构、外形及色调；不得擅自改装、拆除公用房屋原附属设施；装修房屋应符合有关规定；

（二）保持房屋及其他建筑物的完好、整洁和安全；禁止在公用院落、走廊、屋顶、楼梯内堆放杂物、砌煤池、建违法建筑；禁止在阳台上砌墙和存放超重的物品；

（三）禁止随意接引、拆除和损坏市政公用设施；不得擅自在住宅小区内占用和挖掘道路；禁止向下水管道中乱扔杂物；

（四）爱护住宅小区内的绿地和花草树木及绿化设施；严禁损坏、占用绿地；

（五）按规定的时间、地点存放垃圾，逐步实行袋装化；禁止乱倒垃圾、乱泼污水、乱扔瓜果皮核和纸屑；禁止在建筑物和构筑物上涂写、刻画、张贴；禁止违法饲养家禽、家畜；二楼以上阳台围栏上摆设花盆，必须采取固定保护措施，防止坠落伤人；

（六）严禁打架斗殴、酗酒滋事、赌博、传播淫秽物品；禁止使用高音喇叭，使用组合音响不得影响相邻关系；禁止存放易燃、易爆、剧毒、放射性危险物品；

（七）不得在住宅小区内随意停放自行车和机动车辆；非经批准，禁止载重车进入住宅小区（通过住宅小区内的城市道路除外）；

（八）居民应按规定办理房屋、户口登记、变更、迁移手续；暂住人员，应按规定及时办理暂住户口登记手续；

（九）不得开办污染住宅小区环境的生产、加工型企业；

（十）居民利用家庭住所从事经营服务活动和业主在住宅小区内的公共场地设点从事经营服务活动，须征得物业管理单位的同意，并到有关管理部门办理审批手续；禁止在住宅小区内的公共场所和道路两侧乱设摊点；

（十一）其他有关事项。

第二十二条　业主入住住宅小区前，须与物业管理单位签订住宅小区入住合约；已入住住宅小区未签订住宅小区入住合约的，应在本住宅小区实行物业管理后一个月内补签入住合约。

第二十三条　入住合约应包括下列内容：

（一）住宅小区名称，户主及居住地点、面积；

（二）物业管理单位名称及其应提供的服务内容；

（三）业主使用住宅小区物业的权益；

（四）业主参与住宅小区物业管理的权利；

（五）业主对管委会和物业管理单位的监督权；

（六）住宅小区物业维修、养护和管理费用以及预备金的缴纳；

（七）业主的义务；

（八）违反入住合约的责任；

（九）其他有关事项。

第五章　委托管理与有偿服务

第二十四条　物业管理单位应根据住宅小区管理服务的实际内容，建立健全住宅小区管理的规章制度，制定住宅小区住户手册，住宅小区管理项目和标准等，方便业主，提高管理服务水平。

第二十五条　按《办法》第七条、第八条规定，凡纳入住宅小区物业管理的委托管理事项，有关管理部门、产权单位应在接到物业管理部门的通知后一个月内与所在小区物业管理单位签订托管合同，明确双方的管理权限和责任。托管合同期限应与《住宅小区管理承包合同》期限一致。对托管事项，应支付委托管理费用，具体数额，国家、省或市有规定的按规定执行；未规定的，由双方商定。

第二十六条　对委托物业管理单位管理的房产及其附属设施（包括各种管线），除由委托人支付相应托管费用外，其托管房屋的管理费和修缮费，由产权人支付。三区内支付房产管理费、修缮费的具体标准是：

（一）属国有直管房产的，由市房产管理部门按市有关规定扣除应上缴部分后，剩余部分拨给区房产管理部门，其中10％留作管理费，90％定期划拨给物业管理单位；

（二）属单位自管房产的，由市房租汇缴中心每月将管理费的15％返还给产权单位，剩余部分全部划拨给物业管理单位；

（三）属私有房屋的，由物业管理单位按规定收取委托管理费和公用部位的管理费和修缮费。具体标准，由市房产管理部门另行制定。对未托管的房屋，只收取公用部位的管理费和修缮费。

各县级市内支付房产管理费、修缮费的具体标准，由各县级市根据实际情况制定。

第二十七条　凡已收取托管费用的房产及附属设施（包括各种管线），属自然损坏的由物业管理单位负责维修，并保证正常使用和安全；属人为损坏的由损坏责任人自行维修或承担维修费用,由物业管理单位负责维修。

　　第二十八条　房屋租金专款专用,不得挪作他用。住宅小区物业管理单位合同终止或被解聘时,应将结转的房屋租金全部上缴所在区管委会代管,由住宅小区新聘用的物业管理单位接收使用。

　　第二十九条　凡实行物业管理的住宅小区,水、电、供气、供热等费用,由物业管理单位负责统一代收。有关管理部门、单位可向其支付所收费用1‰至3‰的劳务费。具体标准由双方商定。

　　第三十条　住宅小区社会治安综合治理工作仍实行属地化管理。

　　按照统一管理的原则,住宅小区日常安全巡逻纳入物业管理单位的公共服务范围。物业管理单位应在当地公安派出所的业务指导下,负责住宅小区的日常治安保卫工作。物业管理单位应从住宅小区停车场、自行车棚看车费中提取净收入的30％交当地公安派出所,用于住宅小区社会治安管理。

　　第三十一条　物业管理单位按规定向住宅小区内的业主收取综合服务费,用于住宅小区内的公共服务项目支出。公共服务项目包括下列内容:

　　(一)负责住宅小区内的道路、楼道、甬道、庭院、公厕及公共场所的卫生保洁;

　　(二)按时登门为业主代收生活垃圾和营业性垃圾;

　　(三)负责住宅小区内花、草、树木和绿篱的修剪、补植、浇水、灭虫等;

　　(四)负责为业主代收水、电、供气、供热等费用。

　　(五)负责住宅小区日常治安保卫工作,落实防范措施。

　　综合服务费的收取标准根据住宅小区实际需要和服务内容由所在管委会提出意见,经市和县级市、区物业管理部门同意后报物价部门批准。管委会应到物价部门申领《行政性事业性收费许可证》,并使用财政部门统一印制的收费票据。

　　综合服务费的收取标准需要调整时,仍按上款规定办理。

　　第三十二条　物业管理单位为住宅小区内的业主提供专项和特约等服务项目,应公开收费的基本价格,也可由双方议定。

　　专项和特约服务项目一般包括:代管房屋、代购(送)物品、代送(接)儿童、代送(护)病人、代雇(兼)保姆、代送报刊邮件等;修理车辆、水电设备、家用电器等;以及预约上门洗涤衣物、清扫室内卫生、粉刷、装修等。

　　第三十三条　物业管理单位可享受国家对第三产业的优惠政策。

　　第三十四条　住宅小区管理服务经费的收支情况,由物业管理单位每半年向管委会报告一次,每年向业主公布一次,并随时接受市或县级市、区物业管理部门,以及物价、税务、审计等部门和管委会的监督检查。

由管委会代收、代管的房屋租金,应专户储存,按规定用途使用或移交,不得擅自挪作他用。

第六章　管理基金与管理用房

第三十五条　住宅小区开发建设单位应按上年度全市住宅建设平均建筑面积每平方米实际造价的 3.6％的比例,向市或县级市物业管理部门缴纳住宅小区管理基金,用于住宅小区的公共设施更新、大型设施的增改以及为其他已建成住宅小区实行物业管理提供补助资金。其中,管理基金的 30％,委托金融机构一次性贴息贷款给物业管理单位作为流动资金使用。该项贷款由物业管理单位分期偿还或在解除物业管理承包合同时,一次性退还。

管理基金在住宅小区建设工程报批时应缴纳 50％,由市或县级市建设工程收费部门统一代收,开发建设单位凭缴费证明办理开工报告。其余部分待住宅小区竣工综合验收时缴纳;边建设边迁入住宅小区应在业主入住时缴纳。

凡符合第三条规定条件的在建住宅小区,其管理基金应在竣工综合验收时一次性补缴。

第三十六条　住宅小区按规划建设的专业管理用房,以及停车场、自行车棚等设施,属国有资产,经房管部门验收后,委托管委会负责接收,并按民用住宅房屋租金标准提供给物业管理单位使用和经营。房屋、场地租金由管委会负责代收,并按有关规定返还和使用。

住宅小区住宅总建筑面积 0.5％的商业网点房,委托管委会按民用住宅租金标准出租给物业管理单位使用和经营。收取的房屋或场地租金纳入住宅小区管理基金。

依照《办法》规定,《住宅小区管理承包合同》终止时,原物业管理单位应同时办理退租手续并腾空房屋及设施,委托管委会出租给新聘用的物业管理单位使用和经营。

第三十七条　住宅小区专业管理用房和配套商业网点用房以及停车场、自行车棚,任何单位和个人不得擅自改变其用途。已经占用或挪作他用的,必须限期移交给管委会。确有困难的,经市或县级市物业管理部门批准,由占用单位提供相应补偿金,另行调整安排。

第七章　奖　　惩

第三十八条　住宅小区物业管理纳入城市管理目标考核责任制。对物业管理成绩突出的住宅小区,由市物业主管部门提请市人民政府予以表彰奖励,并每年进行一次优秀管理住宅小区评选活动。具体评定标准,由市物业主管部门参照《全国优秀管理住宅小区标准》制定。

第三十九条　开发建设单位违反本细则第十五条规定,不自行或委托物业管理规定条件而擅自办理居民入住的,房产管理部门和当地公安派出所,不予办理居民入住手续。

第四十条　开发建设单位违反本细则第三十五条规定,不按期缴纳住宅小区管理基金的,建设工程竣工验收部门,不予进行竣工综合验收;在住宅小区管理基金未缴齐之前,不得承担新的建设项目。

第四十一条　新建住宅小区,凡未签订入住合约的,不得入住。已经入住,未按规定期限补签入住合约的,物业管理单位可提请管委会予以处理。

第四十二条　物业管理单位违反入住合约规定,未给住宅小区业主提供相应服务和造成损失的,业主可向管委会投诉,管委会有权责令其改正,履行合约,予以补偿或赔偿。

业主违反入住合约或有其他违法行为,除由物业管理单位按合约的规定追究违约责任外,还可提请相应的行政管理部门依法予以处理。

第四十三条　对住宅小区业主无故不缴应缴费用的,物业管理单位可责令其限期缴纳,期满仍不缴纳的,可依法追偿。

第四十四条　管委会和物业管理单位任何一方违反《住宅小区管理承包合同》的,双方均可申请市或县级市、区物业管理部门予以调解,调解不成的,双方均有权依照合同规定,追究对方违约责任直至解除合同;造成经济损失的,责任方应依法予以赔偿。

合同生效期间,管委会发现物业管理单位违反合同有关规定的,有权要求其改正。对拒不改正的,管委会可申请物业管理部门予以处理。

第四十五条　管委会和物业管理单位有违反行政管理法律、法规、规章行为的,由有关行政管理部门依法予以处罚。

有关管理部门、产权单位违反托管合同,给物业管理单位造成经济损失的,应承担相应的赔偿责任。

第八章　附　　则

第四十六条　本细则具体执行中的问题由青岛市城乡建设委员会负责解释。

第四十七条　本细则自发布之日起施行。

附录六 智能化工程施工工艺要求

智能化工程施工工艺要求

第一部分 电气线路的敷设

一、线路敷设和电缆的敷设

（一）一般规定

1. 电缆（线）敷设前，做外观及导通检查，并使用直流 500 伏兆欧表测量绝缘电阻，其电阻不小于 5 兆欧；当有特殊规定时，应符合其规定。

2. 线路按最短途径集中敷设，横平竖直、整齐美观、不宜交叉。

3. 线路不应敷设在易受机械损伤、有腐蚀性介质排放、潮湿以及有强磁场和强静电场干扰的区域；必要时采取相应保护或屏蔽措施。

4. 当线路周围温度超过 65℃时，采取隔热措施；位处有可能引起火灾的火源场所时，加防火措施。

5. 线路不宜平行敷设在高温工艺设备、管道的上方和具有腐蚀性液体介质的工艺设备、管道的下方。

6. 线路与绝热的工艺设备，管道绝热层表面之间的距离应大于 200 毫米，与其他工艺设备、管道表面之间的距离应大于 150 毫米。

7. 线路的终端接线处以及经过建筑物的伸缩缝和沉降缝处，应留有适当的余度。

8. 线路不应有中间接头，当无法避免时，应在分线箱或接线盒内接线，接头宜采用压接，采用焊接时应用无腐蚀性的焊药。补偿导线宜采用压接。同轴电缆及高频电缆应采用专用接头。

9. 敷设线路时，不宜在混凝土梁、柱上凿安装孔。

10. 线路敷设完毕，应进行校线及编号，并按第一条的规定，测量绝缘电阻。

11. 测量线路绝缘时，必须将已连接上的设备及元件断开。

(二)电缆的敷设

1. 敷设电缆时的环境温度不应低于−7℃。

2. 敷设电缆时应合理安排,不宜交叉;敷设时应防止电缆之间及电缆与其他硬物体之间的摩擦;固定时,松紧应适度。

3. 穿管绝缘导线或电缆的总截面积不应超过管内截面积的 40%。敷设于封闭或线槽内的绝缘导线或电缆的总截面积不应大于线槽的净截面积的 50%。

4. 多芯电缆的弯曲半径,不应小于其外径的 6 倍。

5. 信号电缆(线)与电力电缆交叉时,宜成直角;当平行敷设时,其相互间的距离应符合设计规定。

6. 在同一线槽内的不同信号、不同电压等级的电缆,应分类布置;对于交流电源线路和连锁线路,应用隔板与无屏蔽的信号线路隔开敷设。

7. 电缆沿支架或在线槽内敷设时应在下列各处固定牢固:

(1)电缆倾斜坡度超过 45°或垂直排列时,在每一个支架上。

(2)电缆倾斜坡度不超过 45°且水平排列时,在每隔 1~2 个支架上。

(3)和补偿余度两侧以及保护管两端的第一、第二两个支架上。

(4)引入仪表盘(箱)前 300~400 毫米处。

(5)引入接线盒及分线箱前 150~300 毫米处。

8. 室外电缆线路的路径选择应以现有地形、地貌、建筑设施为依据,并按以下原则确定:

(1)线路宜短直,安全稳定,施工、维修方便。

(2)线路宜避开易使电缆受机械或化学损伤的路段,减少与其他管线等障碍物的交叉。

(3)视频与射频信号的传输宜用特性阻抗为 75 欧的同轴电缆,必要时也可选用光缆。

(4)具有可供利用的架空线路时,可同杆架空敷设,但同电力线(1 千伏以下)的间距不小于 1.5 米,同广播线间距不应小于 1 米,同通讯线的间距不应小于 0.6 米。

(5)架空电缆时,同轴电缆不能承受大的拉力,要用钢丝绳把同轴电缆吊起来,方法与电话电缆的施工方法相似,室外电线杆的埋设一般按间距 40 米考虑,杆长 6 米,杆埋深 1 米。室外电缆进入室内时,预埋钢管要作防雨水处理。

(6)需要钢索布线时,钢索布线最大跨度不要超过 30 米,如超过 30 米应在中间加支持点或采用地下敷设的方式。跨距大于 20 米,用直径 4.6~6 毫米的钢绞线;跨距 20 米以下时,可用三条直径 4 毫米的镀锌铁丝绞合。

9. 线槽垂直分层安装时,电缆应按下列规定顺序从上至下排列:

仪表信号线路;

安全连锁线路;

交流和直流供电线路;

10. 明敷设的信号线路与具有强磁场和强电场的电气设备之间的净距离,宜大于1.5米;当采用屏蔽电缆或穿金属保护管以及在线槽内敷设时,宜大于0.8米。

11. 电缆在沟道内敷设时,应敷设在支架上或线槽内。当电缆进入建筑物后,电缆沟道与建筑物间应隔离密封。

(三)其他要求

1. 电线穿管前应清扫保护管,穿管时不应损伤导线。

2. 信号线路、供电线路、连锁线路以及有特殊要求的仪表信号线路,应分别采用各自的保护管。

3. 仪表盘(箱)内端子板两端的线路,均应按施工图纸编号。

4. 每一个接线端子上最多允许接两根芯线。

5. 导线与接线端子板、仪表、电气设备等连接时,应留有适当余度。

二、电缆导管及桥架的敷设

(一)电缆导管

1. 管路敷设前应检查管路是否畅通,内侧有无毛刺;管路连接应采用丝扣连接或扣压式管连接;管路敷设应牢固通畅,禁止做拦腰管或绊脚管;管子进入箱盒处平直,在箱盒内露出的长度小于5毫米并加护套。

2. 暗管敷设,现浇混凝土板内配管,在底层钢筋绑扎完毕后,上层钢筋未绑扎前,根据施工图尺寸位置配合土建施工。

随墙砌体配合施工立管、随现浇混凝土墙配管,土建钢筋网片绑扎完毕,按墙体线配管。钢管管口处理,所有立管均应扫管带线、封堵管口。

3. 明管敷设。

(1)吊顶内或护墙板内管路敷设:结构施工时,配合土建安装好预制件,内部装修施工时,配合土建做好吊顶设备安装位置。

(2)管煨弯可采用冷煨和热煨法,管径20毫米及其以下可采用手板煨管器,管径25毫米及其以上使用液压煨管器。

(3)管路应做整体接地连接,采用跨接方法连接。

(4)支、吊架安装要求所用钢材应平直,无显著扭曲。下料后长短偏差应在 5 毫米内,切口处应无卷边、毛刺。

(5)支、吊架应安装牢固,保证横平竖直。

(6)固定支点间距一般不应大于 1.5～2.0 米,在进出接线箱、盒、柜、转弯、转角及丁字接头的三端 500 毫米以内应设固定支持点。

(7)支、吊架的规格一般不应小于扁铁 30 毫米 * 3 毫米,扁钢 25 毫米 * 25 毫米 * 3 毫米。

(二)桥架

1. 支架与吊架的安装要求。

(1)支架与吊架所用钢材应平直,无明显扭曲。下料后长短偏差应在 5 毫米范围内,切口处应无卷边、毛刺。

(2)钢支架与吊架应焊接牢固,无显著变形、焊缝均匀平整,焊缝长度应符合要求,不得出现裂纹、咬边、气孔、凹陷、漏焊、焊漏等缺陷。

(3)支架与吊架应安装牢固,保证横平竖直,在有坡度的建筑物上安装支架与应与建筑物有相同坡度。

(4)支架与吊架的规格一般不应小于扁铁 30 毫米×3 毫米,角钢 25 毫米×25 毫米×3 毫米。

(5)严禁用电气焊切割钢结构或轻钢龙骨任何部位,当确需与钢结构焊接固定时,应经过结构设计人同意方可进行切割且焊接后应做防腐处理。

(6)万能吊具应采用定型产品,对桥架进行吊装,并应有各自独立的吊装卡具或支撑系统。

(7)在进出接线盒、箱、柜、转角、转弯和变形缝两端及丁字接头的三端 500 毫米以内应设置固定支持点。

2. 电缆桥架安装要求。

(1)桥架应平整,无扭曲变形,内壁无毛刺,各种附件齐全。

(2)桥架的接口应平整,接缝处应紧密平直。桥架盖装上后应平整,无翘角,出线口的位置准确。

(3)在吊顶内敷设时,如果检修需要破坏吊顶板时应留有检修孔。

(4)不允许将穿过墙壁的桥架与墙上的孔洞一起抹死,应留 2～5 厘米的缝隙。

(5)桥架的所有非导电部分的铁件均应相互连接和跨接,使之成为一个连续导体,并做好整体接地。

（6）桥架经过建筑物的变形缝（伸缩缝、沉降缝）时，桥架本身应断开，槽内用内连接板搭接，不需固定。保护地线和槽内导线均应留有补偿余量。

（7）直线段钢制电缆桥架长度超过 30 米、铝合金或玻璃钢制桥架长度超过 15 米时应设伸缩节。

（8）几组电缆桥架在同一高度平行安装时，各相邻电缆桥架间应考虑维护、检修距离及桥架出管方便。

（9）桥架直线段组装时，应先做干线，再做分支线。桥架与桥架可采用内连接头或外连接头，配上平垫和弹簧垫用螺母紧固。螺母必须在桥架壁外侧。接茬处应缝隙严密平齐。

（10）桥架进行交叉、转弯、丁字连接时，应采用直通、二通、三通、四通或平面二通、平面三通等进行变通连接。

（11）桥架与盒、箱、柜等接茬时，进线和出线口等处应采用抱脚连接，并用螺丝紧固，末端应加装封堵。

（12）竖直桥架内，同类线缆成束，并按一定距离捆扎在桥架内支架上。

（13）机房防静电地板下面布线要卫生整洁，不论有无桥架，线缆同类成束，横平竖直铺设。

三、电源设备的安装

（一）供电系统的安装

弱电工程的供电设备应在安装前检查设备的外观和技术性能并符合下列规定：

1. 继电器、接触器和开关应动作灵活，接触紧密、无锈蚀、损坏。

2. 紧固件、接线端子应完好无损，且无污物和锈蚀。

3. 设备的附件齐全，性能符合安装使用说明书的规定。

（二）电源设备的安装

1. 设备的安装应牢固、整齐、美观，端子编号、用途标牌及其他标志，应完整无缺，书写正确清楚。

2. 固定设备时，应使设备受力均匀。

3. 仪表箱内安装的供电设备其裸露带电体相互间或其他裸露导电体之间的距离应不小 4 毫米。当无法满足时，相互间必须可靠绝缘。

4. 供电箱安装在混凝土墙上、柱或基础上时,宜采用膨胀螺栓固定,并应符合下列规定:

(1)箱体中心距地面的高度宜为 1.3~1.5 米。

(2)成排安装的供电箱,应排列整齐。

5. UPS 设备安装完毕,应检查其自动切换装置的可意性,切换时间及切换电压值应符合设计规定。

6. 稳压器在使用前应检查其稳压特性,电压波动值应符合安装使用说明书的规定。

7. 整流器在使用前应检查其输出电压,电压值应符合安装前使用说明书的规定。

8. 供电设备的带电部分与金属壳间的绝缘电阻,50 伏兆欧表测量时,应不小于 5 兆欧。当安装使用说明书中有特殊规定时,应符合规定。

9. 供电系统送电前,系统内所有电源设备的开关均应处于"继"的位置,并应检查熔继器容量。

第二部分　弱电系统的接地

一、弱电系统接地概述

1. 弱电系统的接地,按用途分为保护性接地和功能性接地,保护性接地分为防电击接地防雷接地、防静电接地和防电蚀接地;功能性接地分为工作接地、逻辑接地、屏蔽接地和信号接地。不同的接地有不同的要求,应按设计规定的接地施工。

2. 需要接地的弱电系统的接地装置应符合下列要求。

1)当配管采用镀锌电管时,除设计明确规定处,管子与管子,管子与金属盒子连接后不必跨接,但应遵守下述规定。

(1)螺纹表面应光滑,无锈蚀、缺损,在螺纹上应涂以电力复全脂或导电性防腐脂。连接后,其螺纹宜外露 2~3 扣。

(2)管子间采用带有紧定螺钉的套管连接时螺钉应拧紧在振动的场所,紧定螺钉应有防松动措施。

(3)管子与盒子的连接不应采用塑料纳子,应采用导电的金属纳子。

(4)弱电管子内有 PE 线时,每只接线盒都应和 PE 线相连。

2)当配管采用镀锌电管,设计又规定管子间需要跨接时,应遵守下述规定:

(1)明敷管不应采用熔焊跨接,应采用设计指定的专用接线卡子跨接。

（2）埋地或埋设于混凝土中的电管，不应用线卡跨接，可采取熔焊跨接。

（3）若管内穿有裸软 PE 钢线时，电管可不跨接，此 PE 线必须与它所经过的每一只接线盒相连。

3）配管采用黑铁管时，若设计不要求跨接，则不必跨接，若要求跨接时，黑铁管之间及黑铁管与接线盒之间可采用圆钢跨接，单面焊接，跨接长度不宜小于跨接圆钢直径的 6 倍；黑铁管与镀锌桥架之间跨接时，应在黑铁管端部焊一只铜螺栓，用不小于 4 毫米的铜导线与镀锌桥架相连。

4）当强弱电都采用 PVC 管时，为避免干扰，弱电配管应尽量避免与强电配管平行敷设，若必须平行敷设，相隔距离宜大于 0.5 米。

5）当强弱电用线槽敷设时，强弱电线槽宜分开；当需要敷设在同一线槽时，强弱电之间应用金属隔板隔开。

二、电子电信设备的接地

（一）电子设备的接地

1. 电子设备的信号接地、逻辑接地、功率接地、屏蔽接地和保护接地等，一般合用一个接地极，其接地电阻不大于 4 欧；当电子设备的接地与工频交流接地、防雷接地合用一个接地极时，其接地电阻不大于 1 欧。屏蔽接地如单独设置，则其接地电阻一般为 30 欧。

2. 对抗干扰能力差的电子设备，其接地应和防雷接地分开，两者相互距离宜在 20 米以上。对抗干扰能力较强的电子设备，两者距离可酌情减少，但不宜超过 5 米。

当电子设备接地和防雷接地采用共同接地装置时，为了避免雷击时遭受反击和保证设备的安全，应采用埋地铠装电缆供电。

3. 电缆屏蔽层必须接地，为避免产生干扰电流，对信号电缆和 1 兆赫兹及以下低频电缆应采取一点接地；对 1 兆赫兹以上电缆，为保证屏蔽层为地电位，应采取多点接地。

4. 为了避免环路电流、瞬时电流的影响，辐射式接地系统应采用一点接地；为消除各接地点的电位差，避免彼此之间产生干扰，环式接地系统应采用等电位连接；对混合式接地系统，在电子设备内部采用辐射式接地，在电子设备外部采用环式接地系统。

5. 接地环母线的截面，当电子设备频率在 1 兆赫兹以上时，用铜箔 120 毫米×0.35 毫米；在 1 兆赫兹以下时，用铜箔 80 毫米×0.35 毫米。

6. 电子设备的接地极宜采用地下水平敷设，做成耙形或星形。

(二)电信设备的接地

1. 为防止外界电压危害人身安全和对设备的损害,抑制电气干扰,保证通信设备正常工作,电信设备的以下部分均应接地:

(1)直流电源、电信设备的机架、机壳;入站通信电缆的金属护套和屏蔽层。

(2)交流配电屏、整流器屏等供电设备的外露导电部分。

(3)直流配电屏的外露部分。

(4)交直流两用电信设备的机架、机框内与机架、机框不绝缘的供电整流盘的外露导电部分。

(5)电缆、架空线路及有关需要接地的部分,如放电器、避雷器、保护间隙等。

2. 当低压配电系统采取 TN 制式供电,电信设备若要求严格限制工频交流对其的干扰,且电信设备不易做到与站内各种金属构件绝缘时,应采用 TN-S 制式;当对干扰要求不太严格时,可采用 TN-C 制式;当电信设备的泄漏电流在 10 毫安及以上时,应采用 TN-S 制式。

3. 配电屏、整流器屏等外露导电部分,当加固装置将其与机架、机框在电气上已连通时,仍需与 PE 线或 PEN 线相连。

4. 当采取 IT 制式供电,电信设备的泄漏电流在 10 毫安以上时,为了避免误操作,可采取双线圈变压器供电,其一次侧接入 IT 制式,二次侧若以 TN 制式供电,此时供电设备的接地与 TN 制式相同。

5. 电信设备的工作接地,一般要求单独设置,亦可与建筑物内变压器的工作接地共用一个接地装置。但必须通过绝缘的专用接地线与接地装置相连。

6. 电信设备采用共同接地装置时,其接地电阻应不大于 1 欧,宜用两根截面积不小于 25 平方毫米的铜芯绝缘线穿管敷设到共同接地极上。当采用基础钢筋作为共同接地极时,连接处应有铜铁过渡接头。

三、数据处理设备及其他接地安装

(一)数据处理设备的接地

1. 数据处理设备的接地电阻一般为 4 欧,当与交流工频接地和防雷接地合用时,接地电阻为 1 欧。

2. 对于泄漏电流 10 毫安以上的数据处理设备,其主机室内的金属体应相互连成一体,连接线可采用 6 平方毫米的铜导线或 25 毫米×4 毫米镀锌扁钢,并进行接地,接地电阻不大于 4 欧。

3. 为了减少趋肤效应和通道阻抗,直流工作接地的引下线应采用多芯铜导线,截面不宜小于 35 平方毫米,当需要改善信号的工作条件时,宜采用多股铜绞线。

4. 直流工作接地与交流工作接地如不采用共同接地时,两者之间的电压差不应超过 0.5 伏,以免产生干扰。

5. 输入信号的电缆穿钢管敷设,或敷设在带金属盖板的金属桥架内,钢管及桥架均应接地。

(二)电声、电视系统的接地

电声、电视系统的接地电阻一般为 4 欧,工业电视系统如设备容量≤0.5 千伏安时,接地电阻可不大于 10 欧。架设在建筑物顶部的天线金属底座必须与建筑物顶部的避雷网相连,构成避雷系统,通过至少在不同方向的两根引下线或建筑物内的主钢筋进行接地。

为避免由接地电位差造成的交流杂散波的干扰,闭路电视和工业电视必须采用一点接地。

电视系统的传输电缆穿金属管敷设时,金属管要接地,用以防止干扰。

(三)接地极和接地线的安装

1. 强弱电采用联合接地极时,接地电阻必须小于 1 欧。

2. 采用联合接地极时,弱电接地引出线和强电接地引出线不能从同一点引出,两者要相距 3 米以上。

3. 对于抗干扰要求高的设备,如电脑、消防控制室的接地干线应用截面积不小于 25 平方毫米绝缘铜导线两根或固定在绝缘子上的接地排,避免和强电接地线相通。

附录七　智能照明国家标准

智能照明相关的国家标准涵盖了多个方面,旨在确保智能照明系统的性能、安全、节能等方面达到规定要求。以下是一些智能照明相关的国家标准及其具体内容。

1.《智能照明系统通用要求》(GB/T 39021—2020)

《智能照明系统通用要求》(GB/T 39021—2020)的主要内容涵盖了智能照明系统的各个方面,以确保其设计、安装、使用和维护的规范性和安全性。

该标准规定了智能照明系统的通用要求,包括安装和维护、功能和性能要求、安全要求以及使用说明书等。这些要求旨在确保智能照明系统在各种应用场合下都能稳定运行,满足用户的需求,并保障用户的安全。

该要求中详细描述了智能照明系统的组成和功能要求,涵盖了智能照明系统的各个组成部分,如控制器、传感器、灯具等,并规定了这些部件的性能和功能要求。这些要求有助于确保智能照明系统能够实现自适应照明、节能降耗、远程控制等功能,提高照明效果和用户体验。

该要求还涉及智能照明系统的技术要求,包括光学参数、通信接口、安全性等方面的规定。例如,智能照明系统应根据用途和空间需求选用合适的光源类型、亮度、色温等参数;应采用可靠的传感器和控制器实现自动化管理;应支持多种通信接口以方便与其他系统集成;以及在设计和使用过程中应符合相关的电气安全要求并具有安全保护措施。

《智能照明系统通用要求》(GB/T 39021—2020)为智能照明系统的设计、生产、安装、验收、使用和维护提供了全面的指导和规范,有助于推动智能照明行业的健康发展。

2.《儿童青少年学习用品近视防控卫生要求》(GB 40070—2021)

《儿童青少年学习用品近视防控卫生要求》(GB 40070—2021)的主要内容是关于儿童青少年学习用品的近视防控相关卫生要求。该要求适用于企业、中小学校、中等职业学校、幼儿园和校外培训机构生产、制作、经营、提供的儿童青少年学习用品。

该要求针对儿童青少年使用的普通教室照明灯具和读写作业台灯做出了详细规定,包括显色指数、色温等项目的具体要求。具体要求为普通教室使用的照明灯具相关色温应不小于 3300 K,且应不大于 5300 K,以确保光线明亮柔和,有助于学生集中注意力。

《儿童青少年学习用品近视防控卫生要求》(GB 40070—2021)为儿童青少年学习用品的设计、生产和使用提供了卫生规范,有助于保护学生的视力健康,预防近视的发生。

3.《设备能效水平(2024 年版)》

结合节能降碳的新形势、新要求,明确了照明器具等用能产品的设备能效要求。特别对 LED 平板灯、LED 筒灯和非定向自镇流 LED 灯等照明产品,提出了具体的能效要求和分类。

4.《智能照明设备非主功能模式功率的测量》(GB/T 39018—2020)

《智能照明设备非主功能模式功率的测量》(GB/T 39018—2020)的主要内容是关于智能照明设备在非主功能模式下消耗功率的测量方法。

具体来说,该标准详细规定了智能照明设备在非主功能模式下功率的测量步骤和方法。然而,它并不涉及与能源消耗相关的性能要求,也不规定非主功能模式功率和相应能源消耗的较大限值。

《智能照明设备非主功能模式功率的测量》(GB/T 39018—2020)为智能照明设备在非主功能模式下的功率测量提供了明确的指导和规范,有助于推动智能照明行业的健康发展。

5.《智能照明节电装置》(GB/T 25125—2010)

该标准规定了智能照明节电装置(简称节电装置)的技术要求、检验、包装、运输与贮存。该标准对智能照明节电装置进行了分类,包括不同型号、规格或应用场景的产品;对智能照明节电装置的安装、运行和维护条件进行了规定,以确保其正常运行和有效节能。

该标准的具体内容还涉及更多详细的技术要求、试验方法、检验规则等。

6.智能照明相关的行业标准、地方标准或团体标准

● 智能照明工程设计与施工规范

内容:规定智能照明工程的设计原则、施工方法、验收标准等。

要点:确保工程设计的合理性、施工质量的可控性以及工程验收的规范性。

● 智能照明系统维护与管理规范

内容:提供智能照明系统维护与管理的指导原则和操作方法。

要点:包括定期巡检、故障处理、系统升级等方面的规定,确保系统长期稳定运行。

● 智能照明环境适应性要求

内容:针对不同环境条件下的智能照明系统,提出适应性要求和测试方法。

要点:包括高温、低温、潮湿等极端环境下的性能表现规范,确保系统在各种环境下稳定运行。

● 智能照明系统可靠性评估方法

内容:建立智能照明系统可靠性的评估方法和指标体系。

　　要点:通过故障分析、寿命测试等手段,评估系统的可靠性和稳定性,为系统优化和改进提供依据。

　　随着技术的不断发展和市场的变化,新的智能照明相关国家标准会不断出台,因此建议在实际应用中参考最新的标准信息。这些标准的制定和实施有助于推动智能照明行业的健康发展,提升产品的质量和用户体验。